G세대의 탄생

그들의 가치와 이념, 참여에 대한 고찰

G세대의 탄생

그들의 가치와 이념, 참여에 대한 고찰

정상호 │ 조광덕 지음

학민사
Hakmin Publishers

이 책은 대한민국 청년, 구체적으로는 대학생들의 생각과 행동에 대한 종합 보고서이다. 정확히 말하자면 그들의 가치와 이념이 정치적 참여와 사회적 참여에 미치는 영향을 경험적으로 연구한 결과의 기록이다.

2017년 촛불시위와 정권교체를 대학생 또는 청년층이 선도하였다거나, 그들 대부분이 이러한 역사적 격변에 적극 참여하였다고 주장하는 것만은 아니다. 2017년의 촛불은 가족단위의 참여가 상징하는 것처럼 모든 세대의 평화적 참여라는 특징을 갖고 있다. 다만, 이 책에서는 우리나라 대학생에 대해 집중적으로 살펴본다. 시대를 선도하였던 지식인 집단이었던 대학생은 이제 연애·결혼·출산을 포기한 '삼포세대' 혹은 주변부만 기웃거리는 '잉여세대'로 전락한 지 오래되었다. 그들은 선거 때나 또는 취업 시즌에만 잠깐 조명을 받을 뿐 그들의 가치관과 꿈에 대해서는 사회적으로 도통 관심이 없다.

그러나 본 연구를 통해 대학생들이 취업 경쟁에 내몰려 정치적으로 무관심하고 이기적이라는 주장이 근거 없는 편견임을 여러 자료와 데이터를 통해 밝히고 있다. 오히려 그들은 기성세대보다 집단주의와 획일주의와 거리를 둔 채 자율적으로 행동하는 좋은 시민(good citizen)의 요소와 다문화주의와 차이의 정치를 적극 수용하는 관대한(generous) 세계시민(global citizen)

의 요소를 더 많이 갖고 있다. 이런 이유에서 그들을 G세대로 명명하였다.

최근 여기저기에서 87년 체제의 종식과 2017년 촛불혁명을 외치는 주장들을 쉽게 만날 수 있다. 혁명의 고전적 정의가 기존 사회구조의 근본적 변화임을 상기한다면 촛불혁명은 규범과 희망으로 충만한 비과학적 개념이다. 하지만 어쩌면 우리는 잉글하트(1983)의 표현을 빌자면 이미 '조용한 혁명'을 진행하고 있는지도 모르겠다. 그것이 의미하는 바는 개헌과 개혁, 적폐청산의 구조적 변혁의 실현보다는 그 안에 사는 시민들의 가치와 감정의 분명한 변화를 일컫는 것이다. 그런 점에서 1700만의 촛불은 박근혜와 최순실이라는 공범에 대한 질타가 아니라 보다 공정하고 정의로운 세상에 대한 염원이자 경쟁과 탐욕으로 질주하는 대한민국이라는 또 하나의 '세월호'를 멈춰 세우기 위한 시민의식의 집단 각성일 수 있다.

이 나라의 대학생들은 서울이든 지방이든 남학생이든 여학생이든 G세대의 요소들을 기성세대보다 훨씬 많이 갖고 있다. 그들이 좋은 시민으로 발전할 지 아니면 높은 실업률과 지지부진한 민주주의 속에서 또 다른 상실의 세대로 전락할 지는 누구도 알 수 없다. 지금 우리가 말할 수 있는 것은 5월

광주와 6월의 명동성당이 우리세대를 만들었듯이 지난해 겨울의 뜨거운 촛불의 경험이 G세대를 성숙시킬 것이라는 합리적 기대뿐이다. 그래서 우리가 당장 해야 할 일은 이 땅의 청년들이 관용과 시민행동, 세계주의를 품은 G세대로 당당하게 성장하게끔 지원하고 격려하는 것이다.

2017년 5월 무심천을 바라보면서

정 상 호

C⬤NTENTS

C⦿NTENTS

CONTENTS

차례

G세대의 탄생 _ 그들의 가치와 이념, 참여에 대한 고찰

제 **1** 장

서 론 :
G세대를 위한 변론

G세대의 **탄생** _ 그들의 가치와 이념, 참여에 대한 고찰

01

G세대
연구의 배경

지난 해 겨울은 유난히 뜨거웠다. 무려 넉 달 동안 1,600만에 달하는 시민들이 촛불을 들고 광장에 모여 대통령 탄핵을 요구하였다. 적지 않은 수의 반대편 사람들은 태극기를 들고 결사 '탄핵 반대'를 외쳤지만, 그 겨울의 끝에서 이 나라의 대통령은 헌정 사상 처음으로 탄핵을 당했다(2017. 3. 10). 탄핵 이후 세상은 마치 1987년 6월항쟁에 이어 12월의 대통령 선거가 그랬던 것처럼, 급속도로 대선 국면으로 전환되었다.

본 연구는 촛불을 들고 거리로 나선 이 나라 대학생들의 이야기이다. 물론 모든 대학생들이 광장으로 쏟아져 나왔다거나, 그들이 촛불시위를 주도하였다는 것을 말하려는 것은 아니다. 그렇지만 대학생 중 적지 않은 이들이 촛불집회에 동참하였고, 적극 지지하였다는 것은 사실이다. 올 해는 4월혁명 57주기이자 6월항쟁 30주년이 되는 해다. 산업화 초기에 발생하였던 4월혁명과 민주화의 초석을 놓았던 6월항쟁의 공통점은 대학생 집단이 주도하였던 중대 사건이라는 점이다. 두 사건에 대한 성공과 실패의 평가를 떠나 대학생 집단은 항상 이 나라의 중대한 정치사회 변화를 이끈 동력이었다. 이러한 현상은 비단 우리나라에서만 발견되는 특이한 현상은 아니다. 서구의 68

혁명을 주도한 세력도, 2010년 아랍의 봄을 이끈 이들도 대학생이었다. 다른 점이 있다면 우리나라의 경우 높은 진학률(2015년 현재 70.8%)로 대학생 집단과 청년 세대가 상당 부분 중첩되어 있다는 점이다.

1990년대 이후 대학생 집단은 자신만의 정치사회적 정체성이 아니라 '세대'의 구분과 표식에 의해 포획되었다. 1987년 민주화 이전까지만 해도 4·19세대, 6·3세대, 유신세대, 긴급조치세대, 5·18세대, 386세대 등에서 알 수 있듯이 세대 연구의 초점은 단연 대학생 집단이었다. 21세기에 들어 대학생 집단의 지위는 전체 세대를 아우르는 선봉이 아니라 그저 여러 세대를 구성하는 단위 중 하나로 물러났다. 또한 대학생 집단은 한국사회의 중요한 변화를 이끄는 주역이 아니라 스펙과 취업에 찌들어 희망을 잃어버린 '상실의 세대'로 동정의 대상이 되었다.

이렇듯 대학생 집단의 역할과 정체성에 대한 사회적 인식이나 자의식은 엄청나게 변화하여 왔다. 그러나 우리 학계에서는 대학생의 의식과 가치에 대한 포괄적 연구나 시계열적 분석은 제대로 이루어지지 못했다. 학문적으로나 실천적으로 대학생의 정치참여와 사회의식에 관한 연구의 중요성은 인정하면서도 사회과학적 입장에서 이에 대한 과학적·체계적 분석은 너무나 부족하였다. 우리나라에서 이 분야에 관한 기존의 연구는 양적인 측면뿐만 아니라 질적인 측면에서도 아직은 충분한 성과를 축적하지 못하고 있다. 최근 여론조사 기관이나 언론사에서 각종 조사가 봇물 터지듯 범람하고 있지만 대부분은 선거를 전후로 한 단편적인 여론조사가 대부분이다. 본 연구는 기존의 연구와 다음과 같은 점에서 차별성을 갖고 있다고 자평할 수 있다.

첫째, '대학생 집단'의 가치와 이념이 참여에 미치는 상관관계를 분석한 체계적인 연구라는 점이다. 대학생의 가치와 의식에 관한 조사는 제법 오래 전부터 꾸준히 이루어져 왔다. 가장 대표적인 연구는 대학생의 의식과 민주화의 관계를 지난 20년 동안 추적해 온 어수영(1992; 1999; 2004)에 의해 이루어져 왔다. 또한 학원복음화협의회(2006; 2009; 2012)에서도 지난 10년 동안 대학생의 의식과 생활에 대한 시계열적 조사를 수행하여 왔다. 그렇지만 두 조사 모두 의식과 가치에만 초점을 맞추었지 그것과 정치참여나 사회참여라는 행태적 측면과의 연관성에 관심을 둔 것은 아니었다. 또한 전자는 대학생 집단보다는 전 세대를 아우른 것이었고, 후자는 개신교와 비개신교라는 대학생 집단 내부의 종교적 변인에 초점을 맞춘 것이었다. 배한동(2001)의 연구는 전국의 대학생 집단을 다루었다는 점에서 본 연구와 가장 밀접한 연관성이 있다. 하지만 그의 연구는 통일·대북의식과 민주시민의식 등 정치의식에 한정하였다는 점에서 본 연구와는 차이가 있다.

둘째, 의식과 참여를 다룬 기존의 연구들은 표본집단의 전국성과 문제의식의 보편성이라는 점에서 적지 않은 한계를 안고 있다. 김욱·김영태(2006)의 연구는 본 연구에 유용한 시사점과 귀중한 비교의 준거를 제공하였지만 대전과 광주라는 특정지역 대학생의 가치정향과 정치참여를 다루고 있다. 최근에 이루어진 민병기·김도균·한상현(2013)의 연구는 온-오프라인에서 대학생의 정치의식과 정치참여를 포괄적으로 다루고 있지만 아쉽게도 응답자 집단이 대전지역으로 한정되어 있다. 민주화 이후 전국적 차원에서 대학생의 가치관과 정치참여를 다룬 연구들도 쌓이고 있다(박희봉 2010; 전용주·김도경·서영조 2008; 이상환 1999). 그렇지만 대개의 연구는 문제의식이 '영호남 대학생들의 지역주의 성향의 비교'라는 한정된 차원에 닫혀 있다.

셋째, 본 연구는 가치와 이념 등 의식적 측면과 참여라는 행태의 상호 연관성을 다룰 뿐만 아니라, 행태의 측면을 정치참여와 사회참여로 세분하여 살펴봄으로써 대학생의 정치사회적 삶에 대한 총체적 조감도를 제공하고 있다. 기존 연구들의 패턴은 대학생 집단의 가치와 의식을 독립 변수로

하고 정치참여를 설명하거나 아니면 사회참여만을 설명하는 방식이 주를 이루었다. 가장 압도적인 것이 정치참여 중에서도 주로 투표참여에 편향되어 있으며, 최근 들어서야 촛불시위 참여와 같은 보다 적극적인 참여 유형에 대한 관심이 조금씩 확산되고 있다(이현우 2008; 조기숙 2009; 이갑윤 2011). 물론 투표참여가 가장 중요한 형태의 정치참여임은 분명하나, 그 외의 다양한 유형의 정치참여에 대한 연구가 부족한 실정이다. 특히 투표참여와 다른 유형의 정치참여 간에 존재하는 연계성에 대해 초점을 맞춘 연구는 찾기 어렵다. 정치참여와 사회참여를 함께 다룬 연구는 김욱(2013)의 연구가 거의 유일한 것이었다. 그렇지만 그의 연구는 대학생 집단이 아니라 19대 총선 직후 전국 유권자 1,000명을 대상으로 한 설문조사에 근거한 것이었다. 본 연구는 김욱의 발견(findings)이 대학생 집단에서도 동일하게 나타나는 지 어떤지를 보여줄 것이다.

끝으로 본 연구는 목적의식적으로 세대의 관점에서 대학생 집단에 접근하고 있다. 이 연구를 진행하면서 느낀 점은 그간의 연구들이 대학생 집단과 세대 연구를 분리된 이론과 방법론으로 다루면서 대학생 집단 고유의 역동성과 정서를 포착하지 못하고 정태적인 경향을 보이게 되었다는 점이다. 세대는 연구자로서는 매력적인 '은유의 유혹'으로 인한 '개념 과잉의 위험'(박재흥 2009)을 내재하고 있다. 하지만 세대는 만하임(Karl Mannheim)에서 잉글하트(R. Inglehart)에 이르는 축적된 방법론의 성과와 국가 간 비교는 물론이고 시계열적 추적이 가능하다는 분명한 이점을 안고 있다. 본 연구는 우리나라의 대학생 집단을 G세대(좋은시민 Good citizenship + 관용 Generosity + 세계주의 Global)로 명명하고, 이들의 가치와 성향이 다른 세대집단과는 달리 어떤 정체성과 특징을 공유하고 있는지를 확인할 것이다.

요약하자면 본 연구는 대학생 집단의 가치와 이념 성향을 판별한 후 그

것이 정치참여와 사회참여에 미치는 영향을 살펴볼 것이다. 이를 통하여 한국의 대학생 집단인 G세대가 앞선 세대와 어떤 차이점을 갖고 있는 지를 설명하고자 한다. 이 작업은 촛불과 탄핵으로 변화하고 있는 대한민국의 현재 민주주의 좌표를 확인하고 미래의 전망을 그려보는 대단히 흥미로운 과제임에 틀림없다.

02

연구의 내용과 방법

본 연구의 핵심 문제의식은 대학생 집단의 가치와 이념, 정치적 효능감과 종교성이 참여에 미치는 효과를 확인하는 것이다. 본 연구에서 활용된 전체 독립변수와 종속변수를 정리하여 〈표 1-1〉에 제시하였다.

설문의 문항과 측정은 비교의 편의를 위해 가장 최근에 수행된 세계가치관(World Value Survey) 6차 조사(2010~2014)를 준거로 활용하였다. 실제 활용한 설문지는 이 책의 〈부록〉에 수록하였다.

본 연구의 목적을 위한 모집단은 전국 4년제 대학의 재학생(전문대학, 대학원 제외)이다. 표본의 크기는 대학생 700명이며 한국교육개발원 교육통계 '2014 시도별 계열별 대학생 수' 현황에 따라 지역·계열·성별로 비례하여 층화표본 추출 후 그 비율에 맞게 무작위 추출하였다. 조사방법은 ㈜한국리서치에 의뢰하여 구조화된 설문지를 활용한 온라인 조사(CAWI)를 실시하였으며, 조사기간은 2014년 11월 27일부터 12월 9일까지였다.

〈표 1-1〉 본 연구에서 활용된 변수들의 기술통계치[1)]

구분		변수 및 유형		설문 문항 및 측정
독립 변수	가치	1.물질주의 2.혼합형 3.탈물질주의		3항목의 10문항
	이념	성향	1.진보 2.중도 3.보수	1.진보 ~ 10.보수
		체계	1.국가주의 2.개인주의 3.세계시민주의	6문항 (1.매우 동의함~4.전혀 동의안함)
	정치 효능감	1.높음 2.중간 3.낮음		2문항 (1.매우 동의함~4.전혀 동의안함)
	종교	유형		1) 불교 2) 개신교 3)천주교 4) 없음
		종교성(참석 빈도)		1) 일주일에 한번 이상~ 7) 한 번도 참석한 적이 없다
종속 변수	정치 참여	투표참여	2012년 총선	1)투표함 2)투표하지 않음 3) 투표권 없음
			2012년 대선	1)투표함 2)투표하지 않음 3) 투표권 없음
		시민행동		탄원서·진정서·청원서에 서명
				보이콧(불매 운동)에 참여
				평화적 시위나 촛불 집회에 참여
				정치후원금 기부나 선거운동 참여
				파업·점거농성에 참여
	사회 참여	시민단체		환경보호 단체
				시민운동(인권·권력 감시·여성 등) 단체
				자선 및 인도주의 단체
				소비자 보호 단체
				자원봉사 단체
		정치단체		노동단체
				정당
인구 사회학 적 변수	주관적 계층의식			1)상층~6)하층
	가구 소득			1)100만원 미만~7)600만원 이상
	전공			1) 인문계열 2) 사회계열 3) 교육계열 4) 공학계열 5) 자연계열 6) 의학계열 7) 예체능계열
	학년			1) 1학년 2) 2학년 3) 3학년 4) 4학년
	출신지역			1) 서울 2) 부산 3) 대구 4) 인천 5) 광주 6) 대전 7) 울산 8) 경기 9) 강원 10) 충북 11) 충남 12) 전북 13) 전남 14) 경북 15) 경남 16) 제주
	성별			1) 남자 2) 여자

제 **2** 장

G세대는
누구인가?

G

G세대의 탄생 _ 그들의 가치와 이념, 참여에 대한 고찰

01

한국사회의
세대 구분과
G세대

1) 세대 명칭의 유의점

1990년대 이래 우리는 다양한 방식으로 명명(命名)된 세대 명칭의 홍수를 목격하여 왔다. 〈표 2-1〉에서 볼 수 있듯이 그러한 범람은 소비분석을 통해 보다 많은 판매를 촉진하려는 기업과 광고기획사, 유권자 분석을 통해 더 많은 득표율을 올리려는 정치권, 구독률과 광고료를 챙기려는 대중매체라는 3대 주체에 의해 조장되어 왔다(박재흥 2009, 16).

세대 명칭은 생산자의 임의적 인구 획 짓기를 통해 그 세대 내부집단을 외부집단과 분리하여 일정한 의미를 부여하는 행위이다. 세대 연구는 다음과 같은 이유에서 학문적 성과보다는 소모적인 논란을 부추겨 왔다는 비판을 들어 왔다.

첫째, 사회적 차원에서 불필요한 갈등을 조장하여 왔다. 세대 명칭은 불가피하게 긍정적이든 부정적이든 가치와 평가를 수반한다. 그것은 광장세대처럼 긍정적이거나 오렌지족에서 보듯 부정적일 수도 있다. 차이를 넘어선 차별화는 어쩔 수 없이 세대 차이를 쓸데없이 과장하여 세대 간 갈등을 조장한다는 비난을 받고 있다. 둘째, 이 분야만큼 '세대개념의 과잉, 세대연구의 빈곤'(전상진 2004)이라는 비유가 적절한 영역도 찾기 어렵다. 언론이나 기획사는 예외 없고 학술적 논문에서조차 세대라는 개념이 엄밀한 정의 없이 사용되고 있다. 실제로 적지 않은 논문과 보고서에서 세대는 특정 연령집단(코호트)의 정체성을 의미하는 세대효과와 시대 흐름에 따른 연령효과, 그리고 특정 시점에서 중대 사건이나 구조가 미친 기간 효과를 구분하지 않고 무분별하게 사용되고 있음을 확인할 수 있었다.[1] 셋째, 모든 세대 연구는 하나의 세대를 동질성과 단일성의 관점에서 접근하기 때문에 세대 내부의 심각한 이질성과 복잡성을 간과하기 마련이다(전상진 2009).

이러한 우려는 경청할만한 합리적 비판이라고 여겨진다. 따라서 본 연

〈표 2-1〉 세대 명칭의 유형별 특성

구성기준		세대 명칭	특성
역사적 경험	역사적 사건	한국전쟁세대, 4.19세대, 유신세대, IMF세대, W세대, R세대, 광장세대	- 코호트시각 잘 반영 - 정치·경제·문화적 사건과 상황의 경험 중시 - 상업적 활용도 낮음
	시대특성	산업화세대, 민주화세대, 탈냉전세대, 베이비붐 세대, 386세대, 88만원세대	- 코호트시각 잘 반영 - 정치·경제·문화적 사건과 상황의 경험 중시 - 상업적 활용도 낮음
나이/ 생애 단계	10년단위	1020세대, 2030세대, 5060세대,	- 연령/코호트 효과 혼재 - 이념지향의 구분 - 상업적 목적의 차별화
	학교급별 연령범위	1318세대(중·고), 1315세대(중), 1618세대(고), 1924세대(대)	- 연령/코호트 효과 혼재 - 상업적 목적의 차별화
	생애단계	청년세대, 대학생세대, 노년세대, 실버세대	- 연령/코호트 효과 혼재 - 상업적 목적의 차별화
문화적, 행태적 특성	문화적· 행태적 특성	신세대, X세대, N세대, 디지털세대, IP세대, 실용파세대(P세대), (웹)2.0세대, 실크세대	- 문화적·행태적 특성의 포괄적 표현 - 상업적 목적의 차별화
	소비행태	P세대, WINE세대, MOSAIC세대, 2.0소비자, Z세대	- 표본조사에 근거 - 상업적 목적의 차별화

구가 세대 간의 갈등을 필요 이상으로 조장하거나 과장하기보다는 객관적인 정보를 제공함으로써 이해를 진전시키기를 바라고 있다. 또한 가능하면 세대위치와 맥락, 세대지위의 이론적 관점에서 G세대에 접근함으로써 G세대의 독립범주의 개념화가 합당한 것인지를 긴장 속에서 캐묻고자 한다. 아울러, G세대가 청년기의 한 요소인 대학생 집단이자 20대 전체가 아닌 20대 전반부의 반쪽 집단에 해당된다는 사실을 충분히 인식하고 있다. 엄밀히 말하자면 G세대는 20대 대학생 집단의 정치사회적 성향을 지칭하는 개념이라고 할 수 있다.

그럼에도 불구하고 G세대라는 명칭을 사용하는 이유는 한국사회의 대학생 집단의 정치적 성격과 사회적 정체성을 이만큼 잘 드러내줄 다른 개념을 발견하지 못하였기 때문이다. 이에 대해서는 뒤에서 자세히 설명할 터이고, 먼저 연구자별로 어떤 기준에서 세대를 구분하였으며, 청년 집단에 대해서는 어떤 명칭을 부여하여 왔는지를 정리해 보자.

2) 한국사회의 세대 구분

〈표 2-2〉는 기존의 세대 연구에서 시도되었던 다양한 시기 구분과 명칭을 정리한 것이다. 여기에서 다음과 같은 몇 가지 특징들을 발견할 수 있었다. 첫째는 (식민지)한국전쟁세대, 산업화세대, 민주화세대라는 세대 명칭의 공통된 패턴이다. 각 세대의 연령 기준은 다소 상이하지만, 연구자들 대부분은 국민국가건설-산업화-민주화-지식정보화라는 학계의 일반적인 시기 구분을 세대연구에 적용하고 있음을 알 수 있다.

둘째, 한국의 세대 연구에서 중요한 1차 분기점은 1970년이라 할 수 있다. 1970년은 그 명칭이 무엇이든 과거세대와 신세대를 구분하는 기준점이

연구자	1	2	3	4	5	6	7
정진민 (1992)	전전세대 -1950	민주세대 950-1961	신세대 1962-				
정진민·황아란 (1999)	전전세대 -1950	민주세대 950-1961	신세대 1 1962-1970	신세대 2 1970 -			
조중빈 (2003)	한국전쟁세대 -1942	전후세대 1943-1953	유신세대 1954-1961	민주화·노동운동세대 1962-1969	탈냉전세대 1970-1978	탈정치세대 1979 -	
어수영 (2006)	한국전쟁세대 -1939	산업화세대 940-1949	민주화·유신투쟁 세대 1950-1959	386세대 1960-1969	민주노동운동세대 1970-1979	e-세대 1980-	
황아란 (2009)	산업화/전쟁세대 -1957	민주화투쟁세대 958-1966	민주화성취세대 1967-1971	신세대 1972-			
Cho& Eum (2012)	산업화세대 -1959	민주화세대 1961-1969	디지털세대 1970-				
윤상철 (2009)	전전세대 -1950	유신세대 1951-1960	386세대 1961-1970	X세대 1971-1980	IMF·촛불 세대 1981-1990		
박명호 (2009)	한국전쟁세대 -1939	전후산업화세대 1940-1949	유신세대 1950-1959	386 세대 1960-1969	탈냉전민주노동운동 세대 1970-1979	월드컵세대 1980-1989	
박재흥 (2009)	식민지·전쟁체험 세대 -1940	산업화·민주화 세대 1941-1970	탈냉전·정보화 세대 1971-2005				
박재흥 (2009/ 소분류)	식민지·전쟁체험 세대 -1940	탈식민/4·19/6·3세대 1941-1950	베이비붐·유신 세대 1951-1960	386세대, 민주화세대 1961-1970	신세대, IMF 세대 1971-1980	W·광장,88만원 세대 1981-1990	웹2.0세대, 2.0세대 1991-2005
이갑윤 (2008)	식민지세대 1930-1939	해방세대 1940-1949	1공세대 1950-1959	3공세대 1960-1969	유신세대 1970-1979	386세대 1980-1989	
노환희외 (2013)	한국전쟁세대 -1942	전후산업화세대 1942-1951	유신세대 1952-1959	386세대 1960-1969	IMF 세대 1970-1978	월드컵세대 1979-1987	촛불세대 1988-1993
정상호·조광덕 (2017)	식민지·전쟁체험 세대 -1939	산업화 세대		민주화 세대		후기산업화 세대	
		산업화세대 1940-1949	유신세대 1950-1959	386세대 1960-1969	IMF세대 1970-1979	촛불세대 1980-1989	G세대 1990-1999

출처: 허석재(2014), 273에서 재인용.

다. 아마도 그 무렵 이후 출생자들은 보릿고개의 어려움을 겪지 않았고 1990년대 탈냉전과 정보화라는 변화된 환경에서 성장하여 그 이전세대와는 사고방식과 행태 면에서 큰 차이를 드러내고 있기 때문이다(박재흥 2009, 22-24).

본 연구는 한국전쟁-산업화-민주화-후기산업화(정보화)라는 기존 연구의 일반적 시기 구분에 따라 다음과 같이 세대를 구분하고자 한다. 세대 구분은 비교의 편리를 위해 10년 단위로 끊었으며, 청소년기의 중요한 정치사회적 사건과 시대 정서를 기준으로 삼았다. 만하임은 세대구성에 결정적인 역할을 하는 시기는 바로 미성년 말기에서 성년 초기까지의 기간, 즉 17세에서 25세 사이로 지정하고 있다. 인생에서 이 민감한 시기(impressionable years)에 일어나는 학습은 하나의 기준으로 자리 잡게 되고, 이에 기초해서 이후의 경험들은 차곡차곡 쌓이게 되는 것이다. 만하임은 이를 일종의 변증법적 과정이자, '경험의 성층화(stratification of experience)'라고 표현하였다. 발달심리학에서도 더 넓은 사회로 진출하기 전인 청소년기를 '결정적 시기

〈표 2-3〉 본 연구의 세대 명칭과 구분

출생 시기	세대 명칭		현재 연령	인구 수(%)	
-1939	전쟁세대	식민지·전쟁체험 세대	78~	2,052,961	4.0
1940-1949	산업화세대	산업화세대	68~77	3,637,223	7.0
1950-1959		유신세대	58~67	6,050,532	11.7
1960-1969	민주화세대	386세대	48~57	8,680,643	16.8
1970-1979		IMF세대	38~47	8,505,929	16.5
1980-1989	후기 산업화세대	촛불세대	28~37	7,250,693	14.0
1990-1999		G세대	18~27	6,817,741	13.2
2000-2016		?	0~17	8,708,610	16.8

출처: 행정자치부, 주민등록인구현황(2016.12현재).
http://kosis.kr/statHtml/statHtml.do?orgId=101&tblId=DT_1B04006&conn_path=I3

(critical period)'라고 지칭한다. 언어 능력은 물론이고 정치적 인식과 비판 능력을 함양하기 위한 기반이 이러한 결정적 시기에 만들어지기 때문이다(허석재 2014, 261). 한국에서도 전남지역에서 중고생을 대상으로 한 경험적 연구를 통하여 상당수의 청소년이 중·고교 시절에 지지 정당을 결정하는 등 정치사회화를 통해 정치적 태도를 형성하는 것으로 알려졌다(김영태 2008).

전상진(2002, 216)은 특정 코호트를 어떤 세대로 명명하기 위해서는 이들이, ① '집합적 행위자로 공적인 영역에 등장'해야 하고, ② '고유의 세대의식을 발전·공유'하며, ③ 세대 특성이 청소년기 이후에도 어느 정도 지속되어야 하고, ④ 그런 특성의 소지 여부가 그 세대를 타 세대와 구별하는 기준이 되어야한다는 네 가지 조건을 제시하였다. 앞의 〈표 2-3〉에서 제시된 세대 명칭과 구분은 어느 정도 앞의 네 가지 조건을 충족하고 있다.

하지만 산업화나 민주화와 달리 후기산업화(정보화) 단계의 촛불세대, G세대 등은 상대적으로 등장한 지 얼마 안 되었기 때문에, 이론 및 연구차원에서 동일한 세대의식의 공유와 지속성이라는 기준을 현재의 시점에서 충분히 충족시키고 있는지 단언할 수 없다. 앞으로 이 문제는 G세대를 기준으로 면밀히 살펴보고자 한다.

3) G세대 논쟁 :
민주주의 위기의 주범인가 아니면 새로운 시대의 주역인가?

주목해야 할 것은 신세대의 정체성과 성향에 대한 세대 연구자들의 상이한 인식과 평가이다. 한국전쟁세대와 산업화세대, 그리고 민주화세대의 가치와 태도에 대해서는 연구자들의 이념적 성향이나 소속 학문과는 상관없이 공통된 평가와 합의가 존재하고 있다. 예를 들어 산업화세대는 한국전쟁과 빈곤의 경험 속에서 물질주의와 성장주의를 신봉하며 반공-반북-친미-냉전의식을 내면화한 세대이다. 반면 민주화세대는 반공이나 성장보다 자유-민주주의-인권을 더욱 강조하는 진보적 성향을 갖고 있다(홍덕률 2003, 156-157; 오세제·이현우 2014, 212).

하지만 1970년 이후 세대에 대해서는 기표와 기의 모두 매우 논쟁적이고 대립적이다. 먼저, 눈에 들어오는 것은 1970년 이후의 코호트에 대한 상이한 기표이다. 정치학 분야에서 세대연구의 문을 열었던 정진민과 황아란(2009)은 소박하게 '신세대'라는 명칭을 그대로 사용하고 있다. 나머지 연구자들은 정보화의 흐름을 강조하는 그룹과 청소년기의 정치사회화에 영향을 미친 중대 사건을 주목하는 그룹으로 나눌 수 있다. 전자에는 e세대(어수영 2006)나 웹2.0세대(박재흥 2009), 네트워크세대(오세제·이현우 2014)가 해당되며, 후자에는 IMF·촛불세대(윤상철 2009)와 월드컵세대(박명호 2009), 그리고 촛불세대(노환희외 2013) 등이 포함될 수 있다.

더욱 주목할 점은 1970년 이후 신세대의 기표에 대한 다양성이 아니라 기의에 담겨 있는 긴장성이다. 어떤 연구자들은 세대 구분의 맨 끝에 있는 신세대에 대해 투표와 정당에 무관심한 탈정치세대(조중빈 2003)라고 비판하고 있지만, 다른 쪽에서는 "디지털 네트워킹, 페미니즘, 생태주의적인 문화혁명적 의제들을 글로벌한 관점에서 상대적으로 더 많이 체화"한 세대(심광현 2010, 68)로 그 진보성을 인정하고 있다. 특히 20대 신세대를 둘러싼 논란은 선거 시기마다 언론계를 중심으로 증폭되어 왔다.

2002년 노무현 대통령의 당선과 거듭된 촛불시위는 20대 신세대들에게 '적극 참여하는 진보 세대'의 이미지를 부여하였다. 노무현은 인터넷을 통해 20-30대와의 소통 구축에 성공함으로써 '세계 최초의 인터넷 대통령'이라는 별칭을 얻게 되었다(Guardian. 2003. 2. 24). 세대 연구가 활발하게 부상한 시점도 2002년 대통령 선거부터였다. 2002년 대선에서 젊은 세대, 특히 이른바 '20-30세대'가 '노사모' 등의 활동에 적극적으로 참여하며 노무현 후보를 당선시키는 데 중요한 기여를 하면서 연구자들이 세대 효과에 주목하기 시작했다(강원택 2003; 이내영 2002).

한편 2002년과 2008년에 광장에 등장했던 촛불은 신세대가 만하임이 말한 세대위치와 세대맥락, 그리고 객관적 인정 부여를 통해 세대지위를 획득하는 과정을 상징하는 아이콘이 되었다. 광장에서의 촛불을 통해 신세대는 "집합적 행위자로 공적인 영역에 등장"하여 "고유의 세대의식을 발전시키고 공유"하게 되었다. 촛불은 그 주체를 어떻게 호명하든지 간에 그들은 "스스로 동원된 자"들이라는 의미에서 자발적이며, 그들의 이러한 자발성은 또한 자연스럽게 자율성과 결합하면서 어떠한 관리와 지도도 거부하는 모습으로 나타났다(조정환 2009, 107-111). 촛불세대의 주축인 10대 청소년들의 특징은 "자율적이고 자유로운 참여"였으며, 그것을 가능케 한 것은 "SNS로 소통하면서 공동체 정체성을 복원시킨 연대적 개인주의"(『주간경향』. 2012. 2. 14)였다. 이 과정을 거치면서 "촛불집회의 주된 동력이었던 청소년들에게 정치적으로는 촛불세대, 문화적으로는 2.0세대"라는 영예로운 명칭이 수여되었다(심광현 2010, 57-58).

하지만 1970년 이후 세대에 대한 정반대의 평가와 비판적 주장도 제기되었다. 비판적 견해는 두 가지 유형으로 나눌 수 있다. 하나는 이들 신세대의 정치적 무관심과 지나친 개인주의가 민주주의의 위기를 초래하고 있다는 주장이고, 다른 하나는 앞선 민주화세대와 달리 보수화되고 있다는 비판이다. 먼저, 정치적 무관심과 이기주의에 빠져 민주주의의 활력을 해치고 있다는 주장을 들어 보자. 이러한 비판의 1차적 근거는 20대의 저조한 투표율이다.

〈표 2-4〉는 역대 대통령 선거의 투표율을 정리한 것이다. 예외 없이 소 저로고(少低老高), 즉 젊은 계층의 투표율이 낮았고 나이가 많을수록 투표에 참여할 가능성이 높았다. 한국 투표행태에 관한 기존의 많은 연구들은 연령 이라는 용어 대신에 세대라는 용어를 사용하고 있지만, 실제 투표참여에 대한 경험적 분석에 의하면 세대보다 연령의 효과가 더 강하다는 사실을 확인할 수 있다(강원택 2003; 임성학 2007). 다음의 〈표 2-5〉는 총선까지 포함하여 8개 주요 선거의 연령대 투표율을 5년 단위로 나타낸 것이다. 여러 연령대 가운데 20대의 투표율이 예외 없이 가장 낮았다.

〈표 2-4〉 대통령선거 연령대별 투표율(%)

		19세	20대	30대	40대	50대	60세이상	총투표율
대선	'97 15대	-	68.2	82.7	87.5	89.9	81.9	80.7
	'02 16대	-	56.5	67.4	76.3	83.7	78.7	70.8
	'07 17대	54.2	46.6	55.1	66.3	76.6	76.3	63.0
	'12 18대	74.0	68.5	70.0	75.6	82.0	80.9	75.8

출처: 중앙선거관리위원회 역대 투표율 분석자료(오세재·이현우 2014, 217에서 재인용)

〈표 2-5〉 주요 선거의 연령대별 투표율(%)

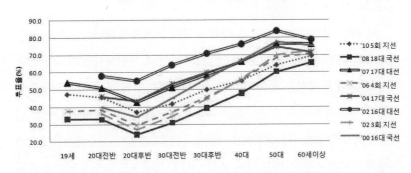

출처: 김재한(2011, 17)에서 재인용.

그 중에서도 특히 20대 후반의 투표율이 낮게 나타난 이유는 20대 전반 부재자(대부분 군인)의 높은 투표율 때문이다. 남성과 여성을 불문하고, 20대의 낮은 투표율은 전체 투표율의 급속한 저하를 가져온 일차적 원인으로 지목되었다(김재한 2011, 16).

20대에 대한 부정적 평가의 또 다른 이유는 이들의 지나친 개인주의와 소비주의 경향에 있었다. 특히 이러한 비판은 1990년대에 대학생활을 시작한 신세대에 집중되었다. 1980년대 말에서 90년대 초반을 배경으로 베를린 장벽의 붕괴와 사회주의와 동구권의 몰락과 더불어 뿌리를 내리기 시작한 소비자본주의가 체화되면서 한국사회 역시 급진적인 변화상을 경험하였다. 신세대라는 기호와 이를 포함하는 일련의 문화담론들은 이런 배경에서 부상했다. 언론들은 앞 다투어 이들 세대의 과소비와 지나친 개인주의, 그리고 일탈에 대한 비판과 도덕적 훈계를 토해냈다. 이들은 쾌락에 집착하는 오렌지족이었고 압구정동은 "욕망의 하수도"로 비하되었다(이기형 2010, 145). 이러한 부정적 시선은 단지 1990년대 신세대에만 한정된 것이 아니다. 김난도는 이들을 "개인으로 자라난 첫 세대이자 자기를 표현하기 위해 시간과 돈을 투자하는 것을 주저하지 않는 스스로에게 도취된 셀프-홀릭"이라고 규정하였다(이서영 2010, 122).

또 하나 검토해야하는 것은 야권 진영이 선거에서 패배할 때마다 불거진 '20대의 보수화 테제'이다. 보수화 테제는 여러 차원에서 논의되어 왔다. 가장 거시적인 차원은 한국사회가 보수화되었는가의 문제이다. 일반적인 견해는 경제위기 이후 10년이라는 시간이 흐르면서 시장원리를 앞세운 신자유주의적 경향이 사회의식의 보수화로 귀결되고 있다는 것이다.[2] 보수화 논쟁의 미시적 수준은 특정 세대, 특히 이명박 대통령의 압도적 당선을 가져온 17대 대선 이후 386세대의 보수화에 초점이 맞추어져 왔다.[3] 논의를 집중하기 위해 본 연구에서는 20대의 보수화 테제만을 다룰 것이다.

20대 또는 대학생의 보수화는 시기에 따라 또는 연구자(기관)의 성향에 따라 요동치는 양상을 보이고 있다. 한 언론사는 대학가에서 비운동권 총학생회의 대거 등장과 〈표 2-6〉을 근거로 대학생의 급격한 보수화 경향을 진단하였다(『주간조선』 2003. 10. 23).

〈표 2-6〉 한국 대학생의 정치 성향

	진보	중도	보수
2002	63%	25%	12%
2003	41%	36%	23%

출처: 홍두승(2002; 2003).

2007년과 2012년 대선에서 보수 여당 후보가 잇달아 승리한 직후 20대 보수화 논란이 가열되었다. 지난 2002년 대선에서 '노풍'을 일으킨 주역이었던 20대가 이번에는 이명박 대통령을 만드는 데 앞장섰다는 해석이 나왔고, 그 원인으로 "이념·계급 따위에 관심 없는 20대들의 '먹고사니즘'이라는 신종 노선"이 지목되었다(『시사IN』 2008. 2. 5).

〈표 2-7〉 연령대별 17대 대선 투표 현황

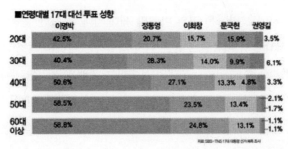

출처: 『시사IN』 2008. 2. 5.

또 다른 언론사는 여론조사를 통해 '20대의 보수화'가 아니라 '2024세대의 보수화'가 정확한 사실임을 밝혀냈다. 즉, 1979~1983년 사이에 출생한 세대로서 대부분 대학생인 2024세대가 보수화를 이끌고 있으며, 그런 점에서 20대의 보수화는 '대학생의 보수화'로 볼 수 있다는 것이다(『뉴스메이커』 2004. 1. 1).

20대 보수화를 제기하는 쪽에서는 이념 성향을 떠나 심각한 취업난과 경제난이 일차적 원인이라는 데 동의하고 있다. "20대가 정치에게서 도망친 까닭은 나보다 우리를 앞세우는 공동체적 감수성과 시민적 연대의식이 충만했던 과거의 대학과 달리, 단순한 취업시장으로 전락한 대학구조의 퇴행"에 있다(장신기 2002, 71). 이러한 인식을 가장 잘 보여주는 것이 한국의 세대 명칭 중 개인이 한 작명으로는 가장 폭 넓은 지지와 논쟁을 얻었던 88만원 세대라는 담론이다.

우석훈·박권일(2007)에 따르면, 20대는 실업·반실업·비정규직화의 3중고를 정면으로 맞닥뜨린 최초의 세대이다. 40대 386세대는 개인적 능력과 세대내 연대감이라는 가용 자원을 갖추었기 때문에 세대 간 경쟁에서 '다음 세대에게 돌아갈 몫을 선점'하는 포식자의 위치에 있다. 한편, 외환금융위기의 직접피해를 입은 30대 IMF세대는 정부의 지원 대책에 의해 '한국 경제의 안전지대로 넘어온 거의 마지막 세대'이다. 하지만 불행하게도 20대는 '다음 세대들의 비참한 모습을 먼저 경험하는 새 시대의 첫 세대'이다(우석훈·박권일 2007, 178-181). 20대의 보수화는 분배를 둘러싼 세대 경쟁과 세대 착취가 심화되는 와중에서 88만원 세대가 선택한 개별적인 탈출구라는 것이다. 최근에는 20대에게 연애와 결혼과 출산을 포기했다는 의미의 삼포세대, 기성세대가 만들어놓은 사회제도에 적응하지 못하고 주변부만 맴돈다는 뜻의 잉여세대라는 우울한 명칭마저 부여되었다. 이것 또한 88만원세대와 마찬가지로 '어려운 경제 상황이 압도한 불황 시대의 우울한 시대 단상'인 것이다.

본 연구는 이제 2017년 현재 우리나라의 대학생 집단이 과연 어느 쪽의 평가에 근접해 있는 지를 살펴보고자 한다. 그들은 활력을 상실한 채 시름시름 앓고 있는 이 나라 민주주의의 위기를 가져온 철부지들인지, 아니면 새로운 단계의 민주주의로 나아갈 선봉인지 그들의 좌표를 파악해 볼 것이다. 먼저 G세대가 정확히 무엇을 의미하고 있는지를 살펴보자.

02

G세대 :
후기산업화 시대의 청년세대

1) 이론적 기반 :
후기산업화 시대와 시민성(Citizenship)의 변화

최근 세대 논쟁과 관련하여 대부분의 국내 논문들이 놓친 것은 후기산업화의 영향이다. 기존의 논문들은 지식정보화와 개인주의, 탈물질주의 등 이러저러한 요소들을 새로운 물결로 받아들였지만, 그것들을 후기산업화의 구조적 효과 속에서 체계적으로 인식하는 데는 실패했다.

G세대 가설을 이끌고 있는 두 가지 이론적 지침은 민주화에 미치는 후기산업화의 긍정적 효과와 그에 따라 좋은 시민(Good Citizen)과 시민성 (Citizenship)의 개념이 근본적으로 변화하고 있다는 것이다. 먼저, 잉글하트와 웰젤(2007)이 말한 민주화에 미치는 후기산업화의 긍정적 기능을 살펴보자. 그들은 기본적으로 사회경제적 발전이 사람들의 가치와 삶에 광범위한 변화를 초래한다는 사실을 적극 수긍한다는 점에서 근대화주의자들이다. 하지만 그들은 민주화를 가져오는 것은 산업화가 아니라 후기산업화라 믿으며, 종교나 전통과 같은 요소들이 근대화와 함께 소멸될 것이라는 수렴이

론이나 역사적 단선이론을 부정한다는 점에서 근대화주의자들과 결정적 차이가 있다(잉글하트와 웰젤 2007, 95-96). 그들은 산업화와 후기산업화의 상이한 효과를 다음과 같이 정리하였다.

〈표 2-8〉 산업화와 후기산업화의 차이

	산업화	후기산업화
영향	관료화, 세속화, 합리화, 중앙집중화	자율성과 자기표현 가치
권위의 정향	권위의 세속화	권위로부터의 해방
목표	기아감소와 수명연장을 위해 물질적 산출의 극대화	좋은 생활과 경험의 질을 중시
균열	사회계급에 기반을 둔 정치균열	문화적 이슈와 삶의 질에 기반
핵심 이슈	성장	환경보호
위험	체험적, 즉각적 위험	인지적 성찰을 요하는 추상적·장기적 위험

본 연구가 핵심적으로 채택하고 있는 그들의 주장은 세 가지이다.

첫째는 후기산업화가 대부분의 선진국들에서 '시민들의 자기표현 가치'(self-expressive values)를 증진시킨다는 점이다. 그들은 획일화와 표준화를 강조하였던 산업화와 달리, 후기산업화는 높은 수준의 복지국가를 통하여 시민들로 하여금 즉각적인 생존을 넘어서는 공동체주의적인 목표에 관심을 갖게 만든다. 또한 사회서비스의 증대와 고등교육의 증가로 인지기술이 확대되고 시민들의 자율성이 증진된다. 끝으로는 사회적인 자유화 효과이다. 산업사회의 대중적인 생산체제는 훈육과 표준화된 방식으로 노동자들에게 획일주의를 강제하지만 후기산업화는 경제활동과 사회적 삶을 다원화함으로써 개인주의적 경향을 지원하고 새로운 형태의 유연한 사회적 연대를 가져온다(잉글하트와 웰젤 2007, 66-68). 주목할 것은 자기표현 가치의 성장이 진정한 민주주의를 가져온다는 점이다. 자기표현 가치는 본질적으로 해방적이고 인민-중심적이며, 그리고 다양한 전선에서 인간의 자유와 자율성을 증진시키는 새로운 형태의 인류애적 사회의 등장을 알리는 전조이다(잉글하트와 웰젤 2007, 89).

둘째, 후기산업화가 가져온 정치적 결과 즉 시민행동주의에 대한 강조이다. 그들은 후기산업화가 산업사회의 제도적인 많은 부분들을 잠식하여 권위주의적 사회에는 민주화를 가져오고, 이미 민주화된 사회에는 보다 엘리트에 도전적이고, 이슈 지향적이며, 그리고 직접적인 형태의 민주주의를 가져온다는 사실을 광범위한 경험적 자료를 통해 입증하였다. 그들에 따르면, 후기 산업사회에서의 강조점은 투표보다 일시적이고, 쟁점 이슈와 연관된, 그리고 엘리트에 도전적인 형태의 시민행동으로 이동하고 있다. 요약하자면, 후기산업사회의 정치참여 방식은 엘리트가 이끄는 선거 캠페인과 정당정치에서 대중의 자기표현이라는 자율적인 형태로 확장되고 있다(잉글하트와 웰젤 2007, 90-93).

셋째, 후기산업화는 금전과 권력, 생존과 같은 물질주의적 가치에서 행복과 삶의 질 등 탈물질주의적(post-material) 가치로 삶의 목표의 전환을 가져왔다. 그런데 이러한 변화는 정치는 물론 사회 전반에 소리 없이 커다란 혁명적 변화를 초래하는 것으로서, 잉글하트(Inglehart 1977)는 이를 '조용한 혁명'(silent revolution) 이라고 불렀다.[4] 그들의 최근 연구에 따르면, 지난 30년 동안 1인당 소득이 15,000달러(2000년 기준) 이상 23개 고소득 국가 중 19개국은 탈물질주의적 가치를 강조하는 방향으로 이동했지만(83%), 15,000달러 이하 19개 사회 중 14개는 반대 방향으로 이동했다(74%). 결론적으로 부유한 국가와 가난한 국가들 사이의 세계관 차이는 축소하기보다는 증대했다(잉글하트와 웰젤 2007, 198).

본 연구의 또 다른 지침은 달톤(Russell J. Dalton)의 좋은 시민(good citizen)에 대한 설명이다. 특히 그의 연구대상의 초점이 미국의 젊은 세대라는 점에서 우리에게 주는 함의가 크다. 어쨌든 그의 논지는 변화하는 사회경제적 조건이 좋은 시민의 의미가 무엇인지에 대한 규범을 재구성하며, 그리고 이것은 시민들의 행동과 정치에 대한 사고에 영향을 미친다는 것이다. 이를 요약한 것이 〈표 2-9〉이다.

〈표 2-9〉 시민성의 변화 배경과 정치적 결과

사회조건의 변화	시민성 규범의 변화	정치 결과
세대 변화: 위대한(the Greatest) 세대에서 X세대로 **삶의 수준**: 풍요와 번영의 증대와 고등교육 이수자의 확대 **일 경험**: 블루칼라에서 지식노동자로 전환 **성 역할**: 여성의 보다 적극적인 사회경제적 역할의 증대 **사회적 다양성**: 소수자를 위한 시민 권리와 기회의 증진	투표와 납세, 준법을 강조하는 시민적 의무 (citizen duty) ↓↓ 타인 배려, 독립적, 자기표현을 중시하는 참여적 시민성 (Engaged citizenship)	**참여 패턴**: 투표에서 저항과 직접행동으로 **정치적 관용**: 다른 관점에서 집단을 수용 **정부의 역할**: 제한 정부에서 보다 적극적인 정부로 **사회정책**: 사회 프로그램에 대한 점증하는 지지 **정부신뢰**: 정치인과 정부에 대한 신뢰의 감소 **민주적 이상**: 민주주의의 이상을 실현하기 위해 민주주의를 압박

출처: Dalton(2008, 4).

달톤의 핵심 주장은 지난 수십 년간 시민적 의무의 감소와 참여적 시민성이 증가해 왔다는 것이다. 의무(duty-based)에 기초한 시민성 규범은 선거에서의 투표와 선출된 정부에 대한 애국적 충성심을 자극하지만 참여적 시민성은 자원주의(voluntarism)에서 공적 저항에 이르는 다른 형태의 정치 행동을 증진시킬 수 있다. 또한 이러한 대조적인 규범은 서로 다른 정치적 가치, 이를테면 타인에 대한 관용, 공공정책 중시 등을 재구성한다. 그는 더욱이 이러한 변화가 퍼트남의 주장처럼 신뢰자본의 약화에 따른 민주주의의 일탈이 아니라 보다 젊고 보다 많이 교육받은 젊은 세대들의 야심찬 도전이라는 도발적 주장을 펼치고 있다(Dalton 2008, chapter3). 그에 따르면 위기에 빠진 것은 민주주의가 아니라 선거경쟁과 시민동원에 안주하였던 정부의 신뢰와 엘리트의 권위인 것이다.

2) G세대의 정의

조선일보는 1988년 서울 올림픽 이후에 태어난 현재의 20대를 G세대로 명명하고, 이들의 행동 특성을 긍정 마인드, 국가 자부심, 세계도전 욕구, 개인주의, 현실주의로 요약했다. '경제대국 대한민국'에서 글로벌 경쟁력을 갖추고 성장해 'G20 의장국 대한민국'에서 20대가 된 이들이 G세대라는 것이다. 나아가 G세대가 향후 100년을 이끌 '대한민국 희망둥이'라고 치켜세웠다(『조선일보』 2010. 1. 1). 김대중-노무현 정부를 출범시키는데 일조하였던 386세대에 대한 조선일보의 일관된 비난 자세와 비교할 때 격세지감을 느낄 수 있다. 문제는 조선일보가 거대 매체답지 않게 어떠한 이론적 근거나 경험적 자료 없이 G세대를 불쑥 들이밀었다는 점이다. G세대의 행동특성은 서울대·고려대·연세대·이화여대·카이스트·중앙대·포스텍 등 주요 대학 교수 100명을 대상으로 한 질문을 통해 도출되었고, G세대의 의식조사는 한국리서치의 설문조사(전국의 만 20~24세 남녀 505명)에 의존하였다.

또한 중앙일보는 1990년대 중반 이후 태어난 세대를 Z세대로 명명하고, 디지털 원주민(digital native)으로 평가받는 이들 세대가 새로운 소비권력을 창출할 것으로 전망하였다. 미국에서 유래한 Z세대는 1980년대에 태어난 밀레니엄 세대의 후속 세대를 말하는데, 이들은 직관적이고 개인화된 정보를 중시하며, 막강한 정보력을 바탕으로 부모의 구매 패턴에 적지 않은 영향을 미친다(『중앙일보』 2017. 1. 16).

단언컨대, 본 연구의 G세대는 조선일보의 G세대와 기표만 같을 뿐 기의와 출처는 확연히 다르다. 필자는 다음과 같은 의식과 행동 특성을 지닌 집단을 G세대로 명명한다.

(1) 좋은 시민성(Good citizenship)

좋은 시민은 누구인가? 이 질문의 출처는 고대 아테네의 아리스토텔레스에게로 거슬러 올라간다. 그는 흥미롭게도 좋은 사람(aner agathos)과 좋은 시민(polites spoudaios)을 구분하여 설명하고 있다. 그의 철학에서 행복은 최고선(ultimate good)의 위상을 갖는다. 행복은 다른 것을 위한 수단이 아니라 스스로의 본원적 목적이자 모든 행위들의 궁극적인 목적이다. 최고의 행복한 삶은 다름 아닌 '철학적 지혜를 추구하는 관조적 삶'이다. 여기에서 좋은 사람의 요건이 나온다. 즉 좋은 사람은 철학적 지혜(이데아)와 도덕적 덕을 추구하는 고독한 수행자이자 완벽한 통치자이다. 좋은 사람이 철인 왕에 근접한 초월적 존재라면 좋은 시민은 자신이 속한 정체에 대한 충성심을 가지고 해당 체제의 안정과 번영을 위해 자신에게 주어진 역할을 성실히 수행하는 사람으로 설명된다. 하지만, 아리스토텔레스에게 이상적인 좋은 시민은 소속된 정치공동체에 단순 충성하는 수동적 신민이 아니고 정치공동체의 교육과 삶을 통해 좋은 사람으로의 전이를 꾸준히 시도하는 존재라고 할 수 있다(장의관 2008).

좋은 시민은 후기산업화 시대에 새로운 형태로 부활하고 있다. 좋은 시민이 갖추어야 할 덕목을 시민성(citizenship)이라고 한다면 세계화와 EU의 출현, 다문화사회의 도래 등으로 그 시민성의 본질이 변화하고 있다. 그 변화의 방향은 다양하다. 재산과 자유에 대한 개인의 권리를 강조하였던 자유주의적 시민권에서 계급·인종·젠더 등 차이를 인정하는 집단별로 분화된

(group differentiated) 시민권으로, 개별적·독립적 권리에서 집단적·관계적 권리로, 배타적 권리에서 가치와 원리를 포괄하는 개념으로 확장되고 있다. 한동안 세계화의 범람 속에서 시민권의 강조점은 모든 개인들이 형식적으로 자유롭고 평등하게 태어났다는 주장에 근거한 보편적 시민권 사상에 주어져 왔다(Mouffe 1998, 382). 자유주의자들이 옹호하는 이러한 엷은(thin) 시민권은 자칫 시장의 논리와 정치경제적 엘리트의 이익에 종속될 수 있다. 최근 신자유주의에 대한 각성과 비판이 확산되면서 시민권의 방향과 기조를 자유주의적 엷은 시민권에서 연대·협력·공동선·호혜·책임을 강조하는 깊고 두터운 시민권으로 전환하려는 노력이 뒤따르고 있다(Faulks 2000, 10).

특히 주목해야 할 시민성은 후기산업화 단계에 이르러 선진국가의 시민들 사이에서 강화되고 있는 자기표현 가치, 시민행동주의, 관용 등이다. 더욱 놀라운 점은 이러한 시민성들이 국적을 불문하고 젊은 세대 사이에서 가장 분명하게, 그리고 꾸준히 증가하고 있다는 사실이다(잉글하트와 웰젤 2007; Dalton 2008). 본 연구에서 말하는 G세대의 첫 번째 요건은 글로벌 리더(G20 의장국)나 신뢰와 같은 훈장이 아니라 민주주의의 질을 고양시키는 데 적극적인 다소 도전적인 좋은 시민성(Good citizenship)이다.

(2) 관용(Generosity)

G세대의 두 번째 요건은 탐욕(greedy)이 아닌 관용(generosity)이다. 사실 G세대의 원작자는 조선일보가 아니라 2008년 미국의 금융위기 이후 탐욕스런 자본에 대해 도덕적 각성을 촉구하였던 국제소비분석기관의 캠페인에서 비롯되었다. 이 단체는 G세대를 다음 세 가지의 소비성향을 지닌 세대로 정의하였다(http://trendwatching.com/).

① 기업에 대한 높은 수준의 반감(disgust)이다. 미국의 금융위기(2008)는

피고용자나 소비자들의 권익은 무시한 채 엄청난 부와 특권을 누리는 대기업과 경영층에 대한 공분을 촉발하였다. 이제 미국인들의 13%만이 대기업을 신뢰하고, 피고용자의 39%만이 상사의 리더십을 신뢰하며, 소비자들의 4분의 3은 기업들의 광고가 거짓으로 채워져 있다고 믿고 있다. 대기업 소속 직원의 4분의 3은 자신들의 회사가 지난 1년 안에 법과 규정을 위반한 사실을 목격한 바 있다고 진술하였다.

② G세대는 관심과 공감, 관용과 동정을 갖고 있는 소비자이자 시민들을 의미한다. 이들은 정부와 기관들에게 남녀노소, 빈부와 상관없이 그들의 일자리와 재산, 동료 시민들을 동등한 개인으로서 존중해 줄 것을 요청한다.

③ 본질적으로 G세대는 분노나 불경기를 상징하는 것이 아니라 공유와 협력, 열정과 권능이 있는 개인들(passionate, empowered individuals)이다. 또 이를 통해 관용은 이들을 상징하는 새로운 표식(status symbols)이 되었다.

G세대의 정치적 관용(political tolerance) 정도가 높다는 사실은 다음의 〈표 2-10〉로 뒷받침될 수 있는데, 지난 30년 동안 미국에서 정치적 양극화의 심화로 관용이 약화되었을 것이라는 일반적 기대와는 달리 관용이 꾸준히 증진되어 왔음을 알 수 있다. 관용과 불관용 집단을 구분하는 가장 중요한 변수는 교육이다. 미국의 경우 세 개의 연령 집단 모두에서 더 교육받을수록 관용적이었다. 교육을 빼면, 보다 젊은 세대에서 관용이 뚜렷하게 증가하였다. 결론적으로 교육과 연령의 효과는 실질적이었다. 나이가 많고 덜 교육받은 집단은 관용도가 7.9였지만 젊고 교육받은 집단은 11.9에 달하였다(Dalton 2008, 90).

혹자는 〈표 2-10〉에 대해 미국에 한정된 것으로 G세대의 핵심 가치로 관용을 내세우는 것은 무리라고 비판할 수 있다. 그렇지만 잉글하트와 웰젤(2007)의 국제비교 분석은 그러한 비판에 대해 매우 강력한 반대 논리를 제

<표 2-10> 도전적인 정치 집단에 대한 관용

대상 집단	행동	1976	1988	1994	2004	변화
공산주의자	발언 허용	53	62	68	70	+17
	교육 허용	40	50	57	66	+26
	공공도서관에서의 출판물 허용	55	61	68	71	+16
무신론자	발언 허용	62	71	73	77	+15
	교육 허용	39	47	54	66	+27
	공공도서관에서의 출판물 허용	58	65	71	73	+15
동성애자	발언 허용	62	73	81	83	+19
	교육 허용	52	60	72	80	+28
	공공도서관에서의 출판물 허용	56	63	70	70	+14
군사주의자	발언 허용	53	58	64	67	+14
	교육 허용	35	39	47	54	+19
	공공도서관에서의 출판물 허용	55	59	65	69	+14
인종주의자	발언 허용	60	63	62	62	+2
	교육 허용	41	43	44	47	+6
	공공도서관에서의 출판물 허용	60	64	68	66	+6
평균		52	59	64	68	

출처: General Social Survey(1976-2004); Dalton(2008, 85)에서 재인용.

공해 준다. 그들에 따르면 '효과적인 민주주의'에 가장 큰 영향을 미치는 변수는 정부를 비롯한 제도나 사람에 대한 시민의 신뢰도 아니고, 퍼트남이 강조하였던 자발적 결사체 활동도 아니다.[5] 그것은 탈물질주의자의 '자유에 대한 열망'과 '동성애에 대한 관용' 등 자기표현 가치 현상이다. 그들에 따르면, 이러한 요소들은 효과적인 민주주의의 편차 중 무려 55%를 설명한다(잉글하트와 웰젤 (2007, 449).

(3) 세계시민성(Global citizenship)

G세대의 마지막 요소는 세계시민성이다. 매킨토시는 세계시민성을 "충성심이나 보호에 대한 기대가 거주 지역, 주(州), 혹은 국가와 같은 단위뿐만

아니라 전 세계에 대한 소속감으로 확장되고, 충성심, 보호, 의무, 권리, 책임의 개념은 애정, 존경, 돌봄, 호기심, 모든 살아있는 존재의 복리에 대한 관심을 포함"하는 것으로 개념화하였다(맥킨토시 2009, 52). 나딩스 또한 그것을 빈곤퇴치와 인권에 대한 돌봄과 관심, 생태적 사고와 지구보존, 사회적·문화적 다양성, 비폭력과 여성주의에 근거한 평화교육으로 정리하였다(나딩스 2009, 30-41).

달톤(2008)은 '좋은 시민'의 자격 중 하나인 연대의식을 측정하기 위해 총사회조사(General Social Survey)의 '자신보다 곤궁한 세계인에 대한 도움'에 대한 동의 여부를 측정한 바 있다. 흥미로운 점은 이 항목에 대한 두 그룹의 요인분석 값이 가장 큰 차이를 보였다는 점이다. 시민적 의무(citizen duty) 그룹은 -.12를 보인 반면 참여적 시민(engaged citizen) 그룹은 .77을 기록했다.

<표 2-11> 두 그룹의 요인분석

질문	총사회조사		변수	민주주의와 시민사회 센터 (CDCS)	
	시민적 의무	참여적 시민		시민적 의무	참여적 시민
선거투표	.65	.17	범죄신고	.84	.12
조세회피 근절	.65	.01	준법	.77	.09
병역복무	.54	.07	병역복무	.64	.15
준법	.51	.10	배심원봉사	.63	.32
정부감시	.51	.40	선거투표	.56	.43
결사체 활동	.39	.54	의견형성	.29	.47
타인 존중	.28	.59	빈곤구제	.16	.65
상품 선택	.22	.59	정치에 적극적	.15	.80
세계빈곤 구제	-.12	.77	자원단체 활동	.10	.84
국내빈곤 구제	.02	.77			
고유값	1.95	2.37		2.56	2.37
분산 비율	19.5	23.7		28.5	25.8

출처: Dalton(2008, 27)에서 재인용

즉, 시민적 의무와 참여적 시민 요인에서 세계빈곤 구제 변수는 상호 연관성 (공분산)에서 큰 차이를 보인다. 다시 말하면, 시민적 의무 요인에 세계빈곤 구제는 적은 연관성을 보이지만, 참여적 시민 요인에는 다른 변수들과 큰 연관성을 갖고 있음을 확인할 수 있다.

그는 이러한 조사를 토대로 지구적 연대의식은 2차 대전 세대와 전후 붐 세대에서 가장 낮고 미국의 신세대에 해당되는 X세대와 Y세대에서 급격히 증가하고 있음을 밝혀냈다(Dalton 2008, 27-30). 또한 국제비교의 관점에서, 미국이 다른 18개 선진국보다 거의 모든 항목에서 더 큰 중요성을 부여하고 있으나 유일하게 낮은 것이 세계의 빈곤 문제이며, 이는 많은 유럽국가에서 사회적 시민권의 보다 강력한 전통이나 포괄적인 복지국가 프로그램과 연관되어 있다고 설명하고 있다(Dalton 2008, 143).

정리하면, G세대는 자기표현 가치와 시민행동주의 등 민주주의의 실천과 진보를 중시하고, 관용과 차이를 존중하며, 자신을 국경 안에 갇힌 국민보다는 빈곤과 생태 등 인류 문제의 심각성을 인지하는 세계시민의식을 갖춘 집단을 의미한다. 이제, 우리나라의 대학생 집단이 이러한 정의에 얼마나 근접해 있는가를 구체적으로 살펴보도록 하자.

제 **3** 장

G세대의
가치와 참여

G세대의 탄생 _ 그들의 가치와 이념, 참여에 대한 고찰

01

3포·5포 시대와
탈물질주의[1]

    2017년은 한국 민주화의 초석을 다진 6월항쟁이 30주년이 되는 해이다. 산업화의 초기인 1960년에 발생하였던 4월혁명과 시민사회의 일대 전환을 낳았던 1987년 6월항쟁의 공통점은 대학생의 적극 참여로 체제변화를 낳았던 역사적 사건이라는 점이다. 두 사건에 대한 성공과 실패의 평가를 떠나 대학생 집단은 항상 이 나라의 중대한 정치사회 변화를 이끈 동력이었다. 이러한 현상은 비단 우리나라에서만 발견되는 독특한 현상은 아니다. 서구의 68혁명도, 2010년 아랍의 봄을 선도하였던 세력도 대학생이었다. 다른 점이 있다면 우리나라의 경우 높은 진학률(2015년 현재 70.9%)로 대학생 집단과 청년 세대가 상당 부분 중첩되어 있다는 점이다. 하지만 최근 들어 우리나라에서 대학생 집단의 지위는 시대 변화의 선봉이 아니라 연애·결혼·출산을 포기한 '삼포세대' 혹은 주변부만 기웃거리는 '잉여세대'로서 동정의 대상으로 전락하였다.

    이렇듯 대학생 집단의 역할과 정체성에 대한 사회적 인식이나 자의식은 크게 변화하여 왔다. 그러나 우리 학계에서는 대학생의 가치에 대한 포괄적 연구나 비교연구를 포함한 실증적 분석은 제대로 이루어지지 못한 것이 사실이다. 최근 여론조사기관이나 언론사의 세대를 기준으로 한 각종 조사가 범람하고 있지만, 선거를 전후로 한 단편적인 여론조사가 대부분이다. 본 연구는 기존의 연구와 다음과 같은 점에서 차별성을 두고자 한다.

첫째, '대학생 집단'의 가치와 참여의 상관관계를 분석한 체계적인 연구를 지향할 것이다. 대학생의 가치에 관한 조사는 오래전부터 꾸준히 이루어져 왔다. 가장 대표적인 것은 대학생의 가치와 민주화의 관계를 지난 20년 동안 추적해 온 어수영(1999; 2004; 2011)의 연구이다. 또한 학원복음화협의회(2006; 2009; 2012)에서도 지난 10년 동안 대학생의 가치와 생활에 대한 시계열적 조사를 수행하여 왔다. 그렇지만 두 조사 모두 가치에만 초점을 맞추었지 그것과 정치참여나 사회참여라는 행태적 측면과의 연관성에 관심을 둔 것은 아니었다. 또한 전자는 대학생 집단보다는 전 세대를 아우른 것이었고, 후자는 개신교와 비개신교라는 대학생 집단 내부의 종교적 변인에 초점을 맞춘 것이었다. 배한동(2001)의 연구는 전국의 대학생 집단을 다루었다는 점에서 본 연구와 가장 밀접한 연관성이 있다. 하지만 그의 연구는 통일·대북의식과 민주시민의식 등 대학생의 정치의식에 한정하였다는 점에서 본 연구와는 근본적 차이가 있다.

둘째, 가치와 참여를 다룬 기존의 연구들은 표본 집단의 전국성과 문제의식의 보편성이라는 점에서 한계를 안고 있다. 김욱·김영태(2006)의 연구는 본 연구에 유용한 시사점과 귀중한 비교의 준거를 제공하고 있지만 대전과 광주라는 특정 지역에 한정되어 있다. 최근에 이루어진 민병기·김도균·한상현(2013)의 연구는 온-오프에서 대학생의 정치의식과 정치참여를 포괄적으로 다루고 있지만 아쉽게도 응답자 집단이 대전지역으로 한정되어 있다. 민주화 이후 전국적 차원에서 대학생의 가치관과 정치참여를 다룬 연구들도 쌓이고 있다(박희봉 2010; 전용주·김도경·서영조 2008; 이상환 1999). 그렇지만 대개의 연구는 문제의식이 '영호남 대학생들의 지역주의 성향의 비교'라는 한정된 차원에 닫혀 있다.

셋째, 본 연구는 가치가 미치는 행태의 측면을 정치참여와 사회참여로 세분하여 살펴봄으로써 대학생의 정치사회적 삶에 대한 총체적 조감도를 제공하고자 한다. 기존 연구는 대개 대학생 집단의 가치를 독립변수로 하고 정치참여를 설명하거나, 아니면 사회참여만을 설명하는 방식이 주를 이루었다. 가장 압도적인 것이 정치참여 중에서도 주로 투표참여에 편향되어 있으며, 최근 들어서야 촛불시위 참여와 같은 보다 적극적인 참여 유형에 대한 관심이 확산되고 있다(성경륭 2015; 이갑윤 2011; 조기숙 2009). 물론 투표참여가 가장 중요한 형태의 정치참여임은 분명하나, 최근 박근혜 대통령의 하야와 탄핵을 외치는 1천 5백만이 넘는 시민들의 촛불시위에서 나타났듯이 시민행동 또는 직접행동과 같은 보다 적극적인 참여형태에 대한 연구가 절대적으로 부족한 실정이다. 특히 투표참여와 다른 유형의 정치참여 간에 존재하는 연계성에 대해 초점을 맞춘 연구는 찾기 어렵다. 정치참여와 사회참여를 함께 다룬 연구는 김욱(2013)의 연구가 거의 유일한 것이다. 그렇지만 그의 연구는 대학생 집단이 아니라 19대 총선 직후 전국 유권자 1,000명을 대상으로 한 설문조사에 근거한 것이었다. 본 연구는 김욱의 발견(findings)이 대학생 집단에서도 동일하게 나타나는 지 어떤 지를 보여줄 것이다.

요약하자면 본 연구는 대학생 집단의 가치를 판별한 후 그것이 정치참여와 사회참여에 미치는 영향을 살펴볼 것이다. 나아가 기존 연구에서 미진하게 해명되었던 부분, 즉 탈물질주의(post-material) 가치가 정치사회적 참여유형 중에서도 어떠한 형태의 참여에 유의미한 영향을 미치는지를 구체적으로 확인할 것이다. 이 작업은 우리 민주주의의 현재 좌표를 확인하고 미래의 전망을 그려보는 대단히 흥미로운 과제임에는 틀림없다.

이를 토대로 본 연구의 구성은 다음과 같다. 첫째, 가치와 참여에 관련된 선행연구를 정리하고 연구문제를 도출할 것이다. 둘째, 기술 통계치를 제시하고 기존 선행연구와 어떤 차이가 있는지를 비교 분석할 것이다. 셋째, 본격적인 분석모형을 제시하고 그 결과를 바탕으로 해석 및 함의를 제시할 것이다.

02

가치와 참여의 관계

1) 가치와 정치참여

잉글하트는 "2차 대전 이래 급속한 경제발전과 복지국가의 팽창 결과, 대부분의 산업사회에서 젊은 출생 코호트들의 형성기 경험은 나이든 코호트들이 겪은 경험과 근본적으로 크게 다르며, 그 결과 각 코호트들은 상이한 가치관을 갖게 되었다"(잉글하트 1983, 4)고 주장하였다. 구체적으로 말하면, 생존이 위협받는 상황에서 성장한 전쟁 이전 세대는 경제적·신체적 안전을 강조하는 생존 가치 혹은 물질주의 가치를 중시함에 비하여, 경제적·신체적 안전을 당연시하는 전후 세대는 자기표현, 삶의 질 등을 강조하는 탈물질주의 가치를 선호한다는 논리이다.

우리나라에서도 이 부분에 대한 연구가 꾸준히 축적되어 왔다. 〈그림 3-1〉과 〈그림 3-2〉는 탈물질주의와 관련된 그간의 연구 성과를 정리한 것이다.

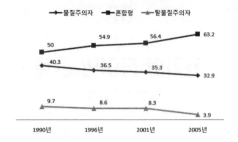

〈그림3-1〉 어수영의 한국인의 탈물질주의 분포의 추이

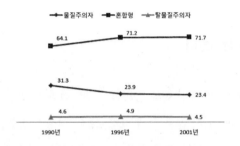

〈그림 3-2〉 박재흥·강수택의 한국인의 가치 분포의 추이

〈그림 3-1〉과 〈그림 3-2〉는 다소 혼란스럽다. 지난 20년 동안 한국에서 물질주의자의 비율은 최소 23.4%(2001)에서 최대 40.3%(1990)를 오르내렸다. 탈물질주의자의 비율 역시 최소 3.9%에서 최대 9.7%를 기록하는 등 시기와 연구자마다 변동 폭이 다소 크게 나타났다.

세계가치조사(WVS) 자료를 활용하여 한국에서의 탈물질주의 추세를 지속적으로 추적해온 대표적 학자는 어수영이다. 그는 세 시점의 시계열 자료를 종합적으로 분석한 논문(2004)에서 ①탈물질주의자에 비해 물질주의자가 훨씬 많다. ②지난 10년간 물질주의자 비율이 감소했고 그 만큼 혼합형이 늘어났으며 탈물질주의자 비율에는 큰 변동이 없다. ③연령별로 보면 탈물질주의자 비율이 젊은 층에서 일관성 있게 높게 나타난다. ④탈물질주의 자는 시민적 관용성이 높고 저항적 정치행위에 적극 참여하며, 정치·사회제 도에 대해서 비판적이라는 사실을 확인하였다. 그의 관찰에서 주목할 점은 연령이 높아짐에 따라 탈물질주의자의 비율이 낮아지는 것을 확인할 수 있 는데, 이는 연령에 따른 보수화 현상이라기보다는 환경의 차이 즉, 인격 형 성기에 겪은 환경의 차이-세대 간의 차이라고 진단한 바 있다(어수영 1999, 119). 세계가치조사 자료를 이용했지만 탈물질주의 지수를 어수영과는 다른 방식으로 구성한 김욱(2007, 85-86)이나 마인섭·장훈·김재한(1997)의 연구 결과도 모두 젊고 교육수준이 높은 응답자에서 탈물질주의 가치의 지향이 강하게 나타났다.

본 연구와 관련하여 가장 눈길을 끄는 것은 박재흥·강수택의 결과이다. 그들은 세계가치조사 자료를 활용하여 우리나라에서의 탈물질주의를 세대 별로 추적하였는데, 어수영과는 달리 2000년대 들어 탈물질주의자의 비중 이 감소한 것으로 나타났다. 그들은 그 이유를 "1990년대 중반 이래 신자유 주의의 거친 파고가 국내에 세차게 밀려오는 과정에서 특히 젊은 세대 (1970-84년 코호트)가 심한 고용 불안정 상황에 놓이게 된 데서 일차적 원인" 을 찾고 있다(박재흥·강수택 2012, 87). 어떻게 보면 이는 놀라운 사실도 아니 다. 잉글하트는 이미 세대효과를 억제하는 시기효과를 언급하고 있기 때문 이다. 그에 따르면, 서구 선진국에서조차 1970년대 중반 불황기에 그리고 1980년대 초반과 1990년대 초반의 불황기에, 각 집단이 물질주의의 극에 가까워졌음을 확인하였다. 그는 그 원인으로 당시의 높은 인플레이션과 실 업률이 사람들에게 경제적 불안감을 안겨주었기 때문일 것으로 해석하였다 (잉글하트·웰젤 2011, 189-190). 어쨌든 이 부분, 즉 IMF사태와 같은 사회경제 상황의 악화가 대학생 집단의 가치에 어떤 영향을 미쳤는지는 꼼꼼히 살펴볼 부분이다.

특히 눈에 띄는 것은 동아일보와 한국사회과학데이터센터(KSDC)가 수행한 제6차 세계가치조사의 결과이다. 10년 전에 이루어진 어수영의 조사와 비교해보면 물질주의자의 비율이 5.5%나 줄어든 반면 혼합형과 탈물질주의자의 비율은 각각 4.1%와 1.8%가 증가했다. 탈물질주의자가 두드러지게 증가한 것은 아니지만 물질주의자가 줄어든 것은 분명하다. 이러한 현상은 1990-2005년 동안 "탈물질주의자 비율과 마찬가지로 물질주의자 비율역시 감소했는데 감소폭이 오히려 크다"는 이전의 연구와 일치하는 것이다(박재흥·강수택 2012, 82). 우리나라의 경우 탈물질주의자의 비율이 이미 한 세대 전에 후기산업화 단계에 진입한 서구 선진국보다는 10-15% 정도 낮지만, 그럼에도 물질주의자의 비율의 감소는 일시적이기보다는 구조적 추세라고 평가할 수 있다.

그렇다면 물질주의와 탈물질주의라는 가치의 차이는 정치참여에 어떤 영향을 미칠까? 이와 관련하여 가장 흥미로운 연구는 잉글하트와 웰젤에 의해서 이루어졌다. 그들에 따르면, 후기 산업사회에서의 강조점은 투표보다 일시적이고, 쟁점 이슈와 연관된, 그리고 엘리트에 도전적인 형태의 시민행동으로 이동하고 있다. 달리 말해, 후기산업사회의 정치참여 방식은 엘리트가 이끄는 선거 캠페인과 정당정치에서 대중의 자기표현이라는 자율적이고 직접적인 참여 형태로 확장되고 있다(잉글하트·월젤 2011, 90-93).

달톤은 가치보다는 시민성(citizenship)이라는 개념으로 이를 설명하고 있는데, 이는 내용적으로는 잉글하트가 말한 가치의 또 다른 표현이라 할 수 있다. 그에 따르면 미국을 비롯한 서구사회는 지난 수십 년간 시민적 의무는 감소하였고, 반대로 참여적 시민성은 뚜렷하게 증가해 왔다. 의무(duty-based)에 기초한 시민성 규범은 선거에서의 투표와 선출된 정부에 대한 애

	시민적 의무(Citizen duty)	참여적 시민(Engaged citizen)
모델	-민주적 시민성의 엘리트-전통적 모델. -알몬드와 버바의 신민-참여적 정치문화 -시민 역할의 한정 -기존 정치질서와 권위를 강화	-자유주의적 또는 공동체주의적인 모델 -바버(Benjamin Barber)의 강한 민주주의와 잉글하트의 탈물질주의
세대	-전후 '위대한 세대'(The Great generation)의 규범. -충성스러운 객체(loyal subject)	-신세대(Millennial Generation)의 규범 -해방의 주체
영향	-민주주의의 퇴조 현상이 공중(public)에 대한 회의로 연결	-민주주의에 대한 강한 신뢰

국적 충성심을 자극하지만, 참여적 시민성은 자원주의(voluntarism)에서 공적 저항에 이르는 다른 형태의 정치 행동을 증진시킬 수 있다. 또한 이러한 대조적인 규범은 서로 다른 정치적 가치, 이를테면 타인에 대한 관용, 공공정책 중시 등을 재구성한다(〈표 3-1〉 참조). 그는 더욱이 이러한 변화가 퍼트넘의 주장(Putnam 1993, 2002)처럼 신뢰자본의 약화에 따른 민주주의의 일탈로 우려할 것이 아니라 보다 젊고 보다 많이 교육받은 젊은 세대들의 야심찬 도전의 결과라고 긍정적으로 평가하고 있다. 그에 따르면 위기에 빠진 것은 민주주의가 아니라 선거경쟁과 시민동원에 안주하였던 정부의 신뢰와 엘리트의 권위인 것이다(Dalton 2008, 22-31).

물질주의자들이 투표참여와 같은 전통적 정치참여를, 탈물질주의자들이 시민행동과 같은 새로운 정치참여를 주도하고 있다는 사실은 국내 연구에서도 확인된 바 있다. 정철희(1997)는 세계가치조사(1996)의 한국자료 분석을 통해 탈물질주의 가치가 시위·파업 등의 저항적 정치행위나 각종 자원 결사체에의 참여와 높은 상관관계를 갖는다는 점을 실증적으로 보여줬고 궁극적으로 그러한 가치지향이 사회민주화를 촉진하는 데 기여할 것이라고 전망했다. 박재흥·강수택(2012)은 1990-2005년 기간 중 이루어진 4차례의 시계열 자료를 분석하여, 사회운동에 참여하는 응답자들의 탈물질주의 가치지향이 전반적으로 강화되었으며, 저항적 정치행위 참여는 탈물질주의자 집단에서 보다 높게 나타났음을 밝혀냈다. 이러한 결과는 탈물질주의 가치가 한국의 민주화운동 또는 시민운동의 발전과정에서 적극적 으로 기여해 왔음을 시사한다.

김욱(2013)의 연구는 우리의 문제의식이나 연구방법과 가장 유사하다. 그에 따르면 탈물질주의 가치관은 비선거참여에 영향력을 주로 행사하고, 투표참여에 대한 영향력은 통계적으로 유의미하지 않았다. 그의 연구는 연령이 낮을수록, 탈물질주의적 가치관을 가질수록 비선거참여에 적극적이라는 것을 확인하였는데, 그는 그 배경으로 상대적으로 풍요로운 경제적 환경에서 자란 젊은 유권자들이 기성세대에 비해 탈물질주의적 가치관을 가질 가능성이 높기 때문이라고 설명하고 있다.

2) 가치와 사회참여

누가 사회참여를 많이 하는가의 주제는 오래 전부터 사회과학 분야의 뜨거운 이슈였다. 특히 서구에서는 사회참여의 주역으로서 일정한 교육과 재산을 겸한 중산층이 논란의 중심에 서 있다. 시민참여 실태를 실증적으로 분석한 버바 등은 민주적 참여의 핵심은 소리와 평등(voice and equality)인데, 미국정치에서 시민들의 목소리는 종종 우렁차고 간혹 분명하게 울려 퍼지지만 거의 동등하지 않다고 결론짓고 있다. 버바는 참여의 불평등과 왜곡을 초래한 가장 중요한 구조적 원인으로 교육을, 제도적 요인으로 미국정치에서 일반화된 기부 관행을 지적하였다(Verba 2002, 509). 스카치폴과 피오리나 또한 오늘날 미국 시민사회의 결사체 활동에서 가장 부유하고 최고 교육을 받은 미국인들이 더 많은 특권적 지위를 누리고 있다는 사실을 경계해야 한다고 주장하였다. 그들은 금세기 고등교육을 받는 전문직 중상류층의 부상이 NGO 혁명을 이끈 구조적 원인이라고 설명하면서, 1,800만에 달하는 이들은 비영리 기구에 고용된 전문가들이며, 이러한 단체들을 후원하는 대부분의 사람들 역시 고등교육을 받고 상대적으로 부유한 사람들임을 강조하였다(Skocpol and Fiorina 1999, 495-496). 국내의 연구 또한 학력과 교육이 사회참여에 긍정적으로 작용한다는 주장이 다수이다. 장수찬의 연구에서는 결사체의 참여 경향은 남성일수록, 나이가 많을수록, 교육수준이 높을수록, 상위 계급일수록 높게 나타났다(장수찬 2002, 106-110). 또 다른 연구 역시 자원봉사의 참여 빈도가 연령이 낮고, 학력과 소득이 높을수록, 경제활동을 안할수록, 중소도시에 거주할수록, 가족구성원과 가입·활동 단체가 많을수록, 종교 및 기부 활동을 하는 경우 높게 나타났다(이용관 2015, 295). 최근 사회·정치참여와 관련된 연구들은 위에서 기술한 교육과 계층과 더불어 세대의 효과에 주목하고 있다.

세계가치조사의 1996년 한국 자료 분석에 따르면, 탈물질주의적 가치는 시위·파업 등의 저항적 정치행위는 물론이고 자원봉사나 시민단체 등 각종 자원 결사체에의 참여와 높은 상관관계를 갖고 있다(정철희, 1997). 강수택·박재흥(2011)의 연구 역시 탈물질주의 가치 지향이 강한 집단일수록 시민단체(NGO)를 포함한 사회운동의 참여가 높게 나타나고 있음을 밝혀냈다. 이러한 결과는 탈물질주의 가치가 우리나라의 사회운동 과정에서 적극적 역할을 수행해 왔음을 시사한다. 또 다른 측면에서 탈물질주의 가치관은 환경운동과 적극적인 상관성을 갖고 있다. 김두식(2005)은 1990-2001년 기간 중 3개 시점의 세계가치조사 자료를 분석하면서 양자 간의 유의미한 정(positive)의 관계가 2001년 조사 자료에서 처음으로 나타났음을 밝혔다. 그는 그 원인을 명확하게 설명하고 있지는 않지만, 오히려 IMF 이후에 탈물질주의 가치와 환경운동 사이에 정의 관계가 확인되었다는 것은 흥미로운 사실이다. 박재묵·이정림(2010, 73-78)은 태안지역 기름유출 사고 방제작업에 참여한 자원봉사자를 대상으로 설문조사를 실시했는데, 전국 표본에 비해 이들 자원봉사자 집단에서 탈물질주의자 비율이 매우 높게 나타났으며, 탈물질주의 가치를 갖는 자원봉사자들이 특히 강한 환경주의 태도를 견지하고 있음을 발견했다. 그렇다면 대학생들의 가치를 사회참여로 이끄는 연결고리는 무엇인가? 송경재(2011)는 그 비밀의 열쇠를 젊은 세대들의 이슈 지향성과 네트워크(SNS) 능력에서 찾고 있다. 그에 따르면, 이들은 인터넷 연결망을 통한 수평적 사회 자본을 형성하며 기존의 권위에 대항하는 수평적 가치관을 갖고 있으며, 이전 세대와 다른 정치 인식과 참여 방식을 형성하고 있다. 예를 들면, 정치 인식에 있어 정당, 선거, 민주주의 등과 같은 거대 담론보다는 정체성, 환경, 소비자, 젠더, 정의와 같은 미시적이고 구체적인 인지 영역에 더 큰 관심을 보인다. 정치 참여에 있어서도 관료주의의 부담이 큰 수직적 조직화보다는 유희적이고 창조적인 참여방식을 선호한다는 것이다.

하지만 본 연구에서 주목한 물질주의와 사회참여의 관계를 다룬 논문은 소수에 불과하다. 대표적으로 김욱(2013)은 투표참여와 비선거참여에 미치는 상이한 요인을 발견하였다. 즉, 연령은 투표참여에는 정적(+)인 영향을, 비선거참여에는 부적(+)인 영향을 미쳤으며, 또한 시민적 의무감이 강할수록, 정치적 효능감이 강할수록, 동원경험이 많을수록 투표에 참여할 확률은 증가하였다. 하지만 탈물질주의와 투표참여의 관계는 통계적 유의미함을 찾을 수 없었다. 반면에 비선거참여에는 탈물질주의 가치관이 강할수록, 동원경험이 많을수록 비선거참여에 정적(+)인 영향을 미쳤다. 비선거참여를 어려운 참여로 구분하여 분석한 김욱과 김영태(2006)의 연구에서도 탈물질주의의 영향은 동일하였다.[2] 또한 2008년도 촛불집회 참석자를 대상으로 한 조기숙과 박혜윤(2008)의 연구에서도 촛불집회에 참가한 사람들은 개인주의적 성향과 탈물질주의 가치관을 보였으며 항의, 집회, 농성과 같은 정치참여에도 통계적으로 유의미한 결과를 보였다. 하지만 이와 같은 연구에서는 몇 가지 한계점을 보인다. 첫째, 김욱(2013)의 연구에서는 비선거참여를 요인분석을 통한 세 가지로 분류하고 상관행렬의 결과를 바탕으로 구성하였다. 즉 탈물질주의적 가치가 모든 비선거참여에 동등한 영향을 미친다고 해석하였다. 본 연구는 어려운 참여인 비선거참여를 좀 더 세분화하여 순서형 로지스틱분석을 실시할 것이다. 둘째, 김욱과 김영태(2006)의 연구에서는 투표참여에 대한 다른 변인들을 통제한 상태에서의 결과를 보여주지 못 했다. 따라서 본 연구에서는 투표참여에 대한 이항 로지스틱 분석(logistic analysis)을 실시할 것이다.

03

분석틀 및 측정

1) 연구모형 및 연구문제

본 연구모형은 현대 한국사회의 대학생이 지닌 가치와 참여의 관계를 확인하는 데 일차적 목적이 있다. 또한 가치가 정치참여의 특정 유형, 즉 투표와 직접 시민행동에 미치는 차별적인 영향을 판별하고자 한다. 이를 위해서 각 변인들의 기술통계를 제시할 것이며 변인들 간의 상관정도를 살펴보기 위해서 상관 분석(correlation analysis)을 실시할 것이다. 또한 가치가 참여에 미치는 영향을 분석하기 위해 최소자승법(least square method)을 활용한 다중선형회귀 분석(multiple linear regression model)을 실시할 것이며, 특히 가치가 투표에 미치는 영향을 파악하기 위해서 로지스틱 분석을 수행하였다. 로지스틱 분석에서는 오도 승산비(odds ratio)의 효율적인 해석을 위해 한계효과(marginal effect)의 값을 제시할 것이다. 모형의 적합도 지표 중에서는 Cragg & Uhler(Nagelkerke)를 사용하였다. 이 지표는 Madala(1983)에 의하여 제안된 ML(Cox-Snell)R^2의 한계점을 보완하기 위하여 정규화한 지표로 알려져 있다. 나아가 탈물질주의가 사회참여 유형에 미치는 영향을 분석하기 위해 순서형 로지스틱(ordinal logistic) 분석을 실시할 것이다. 수집된 자료는 stata 13 통계패키지를 이용하여 분석하였다.

본 연구에서 주요하게 살펴볼 연구문제는 다음과 같다. 첫째, 대학생의 가치의 변화가 정치참여, 특히 투표와 시민행동에 어떤 영향을 미치는가? 둘째, 대학생의 가치의 변화가 사회참여에 미치는 영향은 무엇인가? 셋째, 대학생의 가치가 시민행동에 영향을 미친다면 통계적으로 어떠한 유형에 유의미한 영향을 미치는가?

2) 표본 및 분석방법

본 연구는 (주)한국리서치에 의뢰하여 구조화된 설문지를 활용한 온라인 조사(CAWI)를 실시하였다. 모집단은 전국 4년제 대학교 재학생으로 전문대학, 대학원생은 제외시켰다. 표본의 크기는 대학생 700명이며 한국교육개발원 교육통계 〈2014 시도별·계열별 대학생 수〉 현황에 따라 지역·계열·성별로 층화표본 추출 후 그 비율에 맞게 무작위 추출하였다. 표집오차는 무작위추출을 전제할 경우에 95% 신뢰수준에서 최대허용 표집오차는 ±3.7%포인트이다. 조사기간은 2014년 11월 27일부터 12월 9일까지 실시하였다.

3) 변수 및 측정

본 연구는 대학생의 가치가 참여(정치참여와 시민참여)에 미치는 구체적 영향을 확인하기 위해 다양한 변인들을 투입하였다. 본 연구에서 사용된 변인의 설문문항을 〈표 3-2〉에 제시하였다.

<표 3-2> 변인별 설문 문항

변인			설문문항
가치	항목 Ⅰ		1) 고도 경제성장 2) 국방강화 3) 직장과 사회에서의 참여증대 4) 도시와 농촌의 환경을 아름답게 하는 일
	항목 Ⅱ		1) 사회질서 유지 2) 정부정책결정에 대한 국민 참여 확대 3) 물가 상승 억제 4) 언론 자유 확대
	항목 Ⅲ		1) 경제성장 2) 더욱 인간적인 사회로의 발전 3) 돈보다는 아이디어가 중시되는 사회로의 발전 4) 범죄소탕
정치참여	투표참여	2012년 총선	1) 투표했음 2) 투표하지 않았음 3) 투표권 없었음
		2012년 대선	1) 투표했음 2) 투표하지 않았음 3) 투표권 없었음
	시민행동		탄원서·진정서·청원서에 서명
			보이콧(불매 운동)에 참여
			평화적 시위나 촛불 집회에 참여
			정치후원금 기부나 선거운동 참여
			파업·점거농성에 참여
사회참여	시민단체 참여		환경보호 단체
			시민운동(인권·권력 감시·여성 등) 단체
			자선 및 인도주의 단체
			소비자 단체
			자원봉사 단체
	정치단체 참여		노동단체
			정당
사회인구학적변인	주관적 계층의식		1)상층~6)하층
	가구 소득		1)100만원 미만~7)600만원 이상
	전공		1) 인문계열 2) 사회계열 3) 교육계열 4) 공학계열 5) 자연계열 6) 의학계열 7) 예체능계열
	학년		1) 1학년 2) 2학년 3) 3학년 4) 4학년
	학교 소재지		1) 서울 2) 부산 3) 대구 4) 인천 5) 광주 6) 대전 7) 울산 8) 경기 9) 강원 10) 충북 11) 충남 12) 전북 13) 전남 14) 경북 15) 경남 16) 제주
	성별		1) 남자 2) 여자

(1) 가치

본 연구에서 대학생의 (탈)물질주의에 관한 변인은 세계가치조사 자료에서 사용된 문항을 재사용하였다. 구체적으로는 물질주의와 탈물질주의 가치의 몇 개 문항의 점수를 합산하여 지수화한 값, 즉 잉글하트(Inglehart, 1971; 1980)의 통합지수(composite index) 방식을 활용하였다(〈표 3-3〉 참조).

〈표 3-3〉 물질주의/탈물질주의 가치의 측정 문항

문항 세트	물질주의	탈물질주의
I	A. 높은 경제성장 B. 강한 군사력	C. 직장과 지역사회에서 보다 강한 발언권 D. 도시와 농촌의 환경 미화
II	E. 국가의 질서 유지 G. 물가 상승 억제	F. 주요 정부결정에 보다 강한 발언권 H. 표현의 자유 보호
III	I. 경제성장 L. 범죄와의 전쟁	J. 보다 인간적인 사회로의 진보 K. 돈보다 생각이 중시되는 사회로의 진보

본 연구는 어수영(2004)의 분석 문항과 범주를 그대로 사용하였다. 구체적으로, 향후 10년간 이루어야 할 국가목표 가운데 가장 중요한 것과 그 다음으로 중요한 것은 무엇이라고 생각하십니까?'라는 질문(문항 I, II, III세트 각각)에 가장 중요한 것(1순위)과 그 다음으로 중요한 것(2순위)으로 답변을 구성하였다(탈물질주의 6개 선택: 6점, 0개 선택: 0점). 이 논문에서는 교차분석의 편의상 지수 값을 세 범주로 재부호화(recoding)했다. 즉 지수값 0-1인 응답자를 물질주의자, 2-4인 응답자를 혼합형, 5-6인 응답자를 탈물질주의자로 분류했다. 한편, 김욱·김영태(2006)의 연구는 같은 문항을 사용하였지만, 한국 사회가 탈물질주의의 초기 단계라는 점을 감안하여 물질주의를 0-1이 아니라 0-2까지로 설정하였다. 본 연구에서 사용된 변수들의 기술통계는 〈표 3-4〉에 제시하였다.

〈표 3-4〉 기술 통계치

변인			관측치	평균	표준 편차	빈도(%)	최솟값	최댓값	Chronbach-α
가치			700	2.584	1.025	–	0	6	–
정치참여		시민행동	700	1.768	.453	–	1	3	.799
	총선	투표안함(0)	700	–	–	93(16.91)	0	1	–
		투표함(1)		–	–	457(83.09)	0	1	–
	대선	투표안함(0)	700	–	–	62(11.03)	0	1	–
		투표함(1)		–	–	500(88.97)	0	1	–
사회참여		시민단체	700	1.09	.237	–	1	3	.746
		정치단체	700	1.043	.217	–	1	3	.810
통제변인		정치 이념	700	5.354	1.654	–	1	10	–
		정치적 관심 정도	700	2.528	.757	–	1	4	–
		주관적 계층의식	700	3.174	.913	–	1	6	–
사회인구학적변인	성별	남(0)	–	–	–	423(60.43)	0	1	–
		여(1)	–	–	–	277(39.57)			–
	전공	인문·사회·교육	–	–	–	326(46.57)	1	4	–
		공학·자연	–	–	–	269(38.43)			–
		의학	–	–	–	46(6.57)			–
		예체능	–	–	–	59(8.43)			–
	소득		–	4.094	1.712	–	1	7	–
	학년	1학년	–	–	–	99(14.14)	1	4	–
		2학년	–	–	–	251(35.86)			–
		3학년	–	–	–	128(18.29)			–
		4학년	–	–	–	222(31.71)			–
	출신지역	서울·경기·인천	–	–	–	257(36.71)	1	6	–
		강원	–	–	–	39(5.57)			–
		부산·대구·울산	–	–	–	205(29.29)			–
		전북·전남·광주	–	–	–	87(12.43)			–
		충북·충남·대전	–	–	–	106(15.14)			–
		제주	–	–	–	6(0.86)			–

(2) 정치참여

투표참여는 '2012 국회의원 선거'와 '2012 대통령 선거'를 분석에 포함시켰다. 결측치와 연령에 따른 제한으로 투표당시 포함되지 못한 응답자는 제외시켰다. 투표참여는 투표하지 않았음(0)과 투표함(1)로 재부호화하여 분석에 투입하였다.

시민행동은 ①탄원서·진정서·청원서에 서명, ②보이콧(불매 운동)에 참여, ③평화적 시위나 촛불 집회에 참여, ④정치후원금 기부나 선거운동 참여, ⑤파업·점거농성에 참여로 구성되어 있다. 시민행동은 '절대 참여하지 않겠다'에서 '참여한 적이 있다'로 3점 리커트(Likert)척도로 구성되어 있는 문항들을 합산하여 평균화시켰다. 시민행동의 크론바흐 알파값은 .799로 일치도가 높게 나왔다.

(3) 사회참여

본 연구에서 종속변인으로 사용한 사회참여는 시민단체 참여와 정치단체 참여로 구분하여 분석하였다. 시민단체는 환경보호 단체, 시민운동(인권·권력 감시·여성 등) 단체, 자선 및 인도주의 단체, 소비자보호 단체, 자원봉사 단체로 구분하였다. 참여 정도는 '회원 아님'에서 '적극적 회원'으로 3점 리커트(Likert)척도로 구성되어 있으나 모두 합산하여 평균값을 사용하였다. 변인의 신뢰도는 크론바흐 알파값이 .746으로 일치도는 높게 나타났다. 또한 정치단체 참여도 동일한 방식으로 노동단체(조합), 정당 참여를 합산하여 평균화하였다. 크론바흐 알파값은 .810으로 일치도가 높게 나타났다.

(4) 통제 변인

대학생의 정치적 성향(진보-중도-보수)은 정치사회적 참여에 민감하게 작용할 것이라는 점을 반영하여 통제변인으로 투입하였다. 진보 성향에서 보수 성향까지 총 10점 리커트(Likert)척도로 구성되어 있으며 연속 변인으로 해석하였다. 대학생의 정치에 대한 관심 정도는 정치적 성향만큼이나 중요한 변인이다. 해당 변인은 '매우 흥미가 있다'에서 '전혀 흥미가 없다'인 총 4점 리커트(Likert)척도의 연속 변인으로 구성하였으며, 해석의 용이성을 위해 역으로 수정하여 분석에 투입하였다. 끝으로, 소득과 별도로 주관적 계층의식을 통제 변인으로 활용하였다. 상층에서 하층까지 6점 리커트(Likert)척도로 구성되어 있으며 연속 변인으로 사용하였다. 하지만 해석의 용이성을 위해 주관적 계층의식이 높을수록 상층임을 의미하도록 재부호화 하였다.

본 연구에서 통제변인으로 사회인구학적 변인을 투입하였다. 즉 성별(남/여), 연령과 더불어 학력변수(1학년에서 4학년)를 사용하였으며 월평균 가구소득(가구수입)은 100만원 미만에서 600만 원 이상으로 연속 변인으로 취급하였다. 또한 전공에 따른 차이도 대학생의 활동에 반영될 수 있기 때문에 전공을 분석에 포함시켰으며 인문·사회·교육을 한 범주로 재부호화 하였으며 공학·자연계열, 의학계열, 예체능계열로 총 4개의 범주로 재구성하였다. 분석에서 기준은 인문·사회·교육계열로 분석모형에 투입시켰다. 응답자의 대학의 지역에 따른 정치적 선택과 성향도 활동에 반영되기 때문에 학교 소재지도 분석에 포함시켰다. 서울·경기·인천, 강원, 부산·대구·울산, 전북·전남·광주, 충북·충남·대전·세종, 제주로 재부호화하여 총 6개의 범주로 구분하였다.

4) 상관분석

대학생의 가치가 정치사회적 참여에 미치는 영향을 살펴보기 위해 본 연구는 최소자승법을 활용한 다중회귀분석을 수행하였다. 다중회귀분석에 앞서 본 연구에서는 다중공선성(multicollinearity)을 확인하기 위하여 분산팽창계수(variance inflation factor: VIF값)을 제시하였다. 주요변인들의 상관분석을 살펴보면 〈표 3-5〉와 같다. 가치와 시민단체 참여(r=-.109, p〈.01), 소득(r=-.097, p〈.01), 정치적 성향(r=-.290, p〈.001)은 부적상관을 보였으며, 시민행동(r=.136, p〈.001)은 정적상관을 보였다. 시민단체 참여와 정치단체 참여(r=.606, p〈.001), 시민행동(r=.191, p〈.001), 주관적 계층의식(r=.089, p〈.05)은 정적상관을 보였다. 또한 시민행동과는 정치적 성향(r=-.211, p〈.001)이 부적상관을 보였으며 소득과 주관적 계층의식(r=.570, p〈.001)은 정적상관을 보였다. 이상 결과를 볼 때, 높은 상관계수는 다중공선성에 주의해야 한다. 따라서 다중회귀분석을 실시한 후에 분산팽창 계수 값을 제시할 것이다.

〈표 3-5〉 상관분석표

	a	b	c	d	e	f	g
a. 가치	1.00	–	–	–	–	–	–
b. 시민단체 참여	-.109 **	1.00	–	–	–	–	–
c. 정치단체 참여	-.031	.606 ***	1.00	–	–	–	–
d. 시민행동	.136 ***	.191 ***	.097 **	1.00	–	–	–
e. 소득	-.097 **	.071	-.038	.033	1.00	–	–
f. 주관적 계층의식	-.062	.089 *	.009	.013	.570 ***	1.00	–
g. 정치적 성향	-.290 ***	.022	.055	-.211 ***	.026	.032	1.00

+ p〈0.10, * p〈0.05, ** p〈0.01, *** p〈0.001

04

—

가치와 참여의
변화 추이

1) 우리나라 대학생의 가치변화 비교

이번 연구에서 나타난 우리나라 대학생들의 가치는 〈표 3-6〉과 같다. 물질주의자는 79명(11.3%), 혼합형은 519명(74.1%), 탈물질주의자는 102명 (14.6%)로 나타났다.

이번 조사대상의 결과는 전반적으로는 기존의 연구와 유사하다. 이번 조사에서 드러난 몇 가지 특징을 정리하면 다음과 같다. 첫째, 대학생들은 전체 표본과 뚜렷이 구분되는 상이한 가치 정향을 갖고 있다. 본 연구와 같은 방법을 사용하여 이루어진 가장 최근의 조사(KSDC 2010)에서 물질주의자는 탈물질주의자보다 3배나 많았다.[3] 하지만 대학생을 대상으로 한 이번 조

〈표 3-6〉 우리나라 대학생들의 가치 분포도

	물질주의자	혼합형	탈물질주의자
비율(%)	11.3	74.1	14.6
사례 수(N)	79	519	102

사에서는 압도적인 차이는 아니지만 물질주의자보다 탈물질주의자가 많았다(+3.3%). 전체적인 패턴은 어수영의 연구 중 대학생 집단이 포함된 20대 전반 그룹과 유사하였다.

둘째, 대전과 호남의 대학생을 대상으로 한 김욱·김영태(2006)의 연구보다는 혼합형이 적었고 물질과 탈물질주의자 모두 약간 높게 나타났다. 민병기의 연구는 다른 연구보다 중간 값이 작고, 물질주의자와 탈물질주의자의 비중이 상대적으로 큰 데, 이는 잉글하트나 어수영과는 달리 요인 값이 높은 4개 항목만을 선별적으로 사용했기 때문이다(2013, 87). 결국, 이번 조사 결과는 고용과 분배가 악화되는 장기간의 불황 속에서도 물질주의자가 오히려 증가하였다기보다는 일정 수준에서 감소하였고, 오히려 탈물질주의자가 약간 증가하였음을 보여주고 있다.

〈표 3-7〉은 소득과 성, 그리고 지역에 따른 가치의 단순 빈도를 보여주고 있다. 한국사회를 대상으로 한 기존의 연구에서는 탈물질주의자는 교육 수준이 높고, 직업적으로 전문직과 학생, 연령에서는 20대, 지역적으로는 서울과 광주지역에 더 많이 분포되어 있는 것으로 확인된 바 있다(어수영 1992, 167). 먼저 소득과 가치의 연관성을 살펴보면, 사례 수가 가장 많은 중간소득 집단(n=415)은 평균값과 거의 일치하였으며 예상과는 달리 월 가구소득 200만원 미만의 저소득층 집단에서 탈물질주의자가 가장 많은 것으로 나타났다. 통계적인 의미는 없지만 물질주의자와 탈물질주의자 모두 남학생이 약간 많았으며, 여학생은 혼합형이 많았다. 성과 가치의 연관성에 대해서는 의견이 분분하다. 민병기외(2013, 87)의 연구에서는 여학생의 탈물질주의자 비율(30.2%)이 남학생(16.2%)의 비율보다 훨씬 높았다(=17.123, p<.001, df=2). 하지만 전 세대를 대상으로 한 어수영(1992, 166)의 연구에서는 성별의 차이가 거의 없었다.

<표 3-7> 가치와 사회인구학적 요인

구분(전체 평균)	소득(만원)			성		지역			
	200 미만	200-500	500 이상	남	여	수도권 (n=259)	중부권 (n=175)	영남권 (n=146)	호남권 (n=120)
탈물질주의(14.6%)	17.2%	14.5%	12.6%	15.1%	13.7%	15.4%	12.0%	13.7%	17.5%
혼합형(74.1%)	71.6%	74.2%	76.2%	72.3%	76.9%	73.0%	77.7%	69.2%	77.5%
물질주의(11.3%)	11.2%	11.3%	11.3%	12.5%	9.4%	11.6%	10.3%	17.1%	5.0%

그렇지만 가치의 지역 편차에 대해서는 기존의 연구와 유사한 결과가 나왔다. 이번 연구에서 탈물질주의자의 분포는 큰 차이는 아니지만 호남권〉수도권〉영남권의 순으로 나타났다. 어수영의 연구에서는 탈물질주의자가 서울과 광주에 더 편중되어 있었고 부산과 대구에는 상대적으로 적은 편이었다(서울〉광주〉부산=대구). 특히 광주의 경우는 물질주의자가 단지 5%에 그치고 탈물질주의자가 17%로 거의 3배가 많았다. 어수영은 이를 5.18 광주항쟁 이후 촉발된 민주화운동과 연관하여 해석한 바 있다.

본 연구와 밀접한 지역별 대학생 비교 연구로는 김욱·김영태의 연구를 살펴볼 수 있다. 그의 연구에서 전체적으로는 탈물질주의자의 비율이 높게 나타났지만 지역별 결과를 보면 대전지역에서 물질주의자들의 비율이 더 높게 나타난 반면, 광주·목포지역에서는 탈물질주의자의 비율이 더 높게 나타나 대조를 보였다(김욱·김영태 2006, 93-96). 이렇게 두 지역 사이에 상이한 결과가 나온 원인은 김진하의 연구결과를 통해 간접적으로 유추해 볼 수 있다. 그는 정치의식의 지역차이를 알아보기 위해 정치적 관심도, 정치적 효능감, 민주주의 의식, 강력한 정부 선호도, 이념의 진보성을 중심으로 지역별 유권자를 대상으로 조사한 바 있다. 그 결과를 종합하면 대전·충청지역이 가장 보수적이고, 부산·울산·경남지역과 강원지역, 광주·전라지역이 가장

〈표 3-8〉 가치와 전공의 관계

구분(전체 평균)	전공						
	인문	사회	교육	공학	자연	의학	예체능
탈물질주의(14.6%)	14.7	18.2	15.0	13.9	8.1	15.2	15.3
혼합형(74.1%)	73.4	69.9	72.5	76.4	74.3	76.1	77.9
물질주의(11.3%)	11.9	11.9	12.5	9.7	17.6	8.7	6.8

진보적이었으며, 나머지 지역은 그 중간에 위치하는 것으로 나타났다(김진하 2006, 228).

본 연구에서는 대학생의 학년과 전공이 가치에 미치는 영향을 파악해 보았다. 학년과 달리 전공의 효과는 통계적으로 유의미한 차이가 발견되었다. 탈물질주의자는 사회계열(18.2%)이 가장 많았고, 물질주의자는 자연계열(17.6%)에서 가장 많았다. 이러한 결과는 대학생을 대상으로 한 배성동의 연구 결과와 일맥상통하고 있다. 그에 따르면, 대학생들의 정치적 관심도와 대북포용정책에 대한 지지는 수도권 지역의 인문사회계열의 남학생에서 가장 높게 나타났다(배성동 2001, 4).

해외의 연구 중 우리와 유사한 결론을 갖고 있는 것은 미국에서 대학생 3,200명을 대상으로 한 Ravitch & Joseph(2002)의 연구이다. 가장 분명한 패턴은 정치행동과 인식에 미치는 사회과학과 경영학의 반대 효과이다(모두 통계적으로 유의미). 그들에 따르면, 최근 대학에서 우후죽순으로 늘어나고 있는 경영학의 증가가 정치참여와 투표율의 저하, 지역봉사활동의 침체와 연관되어 있다고 한다. 과학과 공학은 반정치적이지는 않지만 경영학과 유사한 패턴을 보이고 있다(Ravitch & Joseph 2002, 45-46).

이번 조사를 요약하자면, 우리나라 대학생 중 탈물질주의자는 전체의 14.6%에 달하고 있다. 이전의 연구 결과와 비교해 볼 때 정체 또는 점진적으로 증가하였다고 할 수 있다. 탈물질주의에 미치는 매개변수로서 성과 소득은 통계적으로 유의미한 차이를 낳지 못했다. 반면, 지역과 전공에 따라 가치의 일정한 차이가 드러났다. 탈물질주의자는 수도권과 호남에서, 자연계열보다는 사회과학 계열 전공자에서 더 많이 발견되었다.

2) 가치와 정치참여의 연관성

(1) 투표 참여: 쉬운 참여

본 연구의 주요 문제 중 하나인 대학생의 (탈)물질주의와 정치참여의 관계는 다음과 같이 해석할 수 있다. 대학생의 (탈)물질주의가 투표 참여에 미치는 영향은 이항 로지스틱 분석을 실시하였다. 투표 참여는 투표 안함이 (0)의 값을 갖고, 투표함은 (1)의 값을 갖는다. 기존에 선행연구들은 투표 행위를 쉬운 참여의 대표적인 유형이라고 제시하였다. 따라서 분석결과를 해석하는데 있어서 혼란을 방지하기 위해 (탈)물질주의를 역으로 재범주화 하였다. 즉, 값이 클수록 물질주의가 강함을 의미한다.

본격적인 분석결과를 살펴보면 다음과 같다. model 1은 종속변인이 총선에의 투표참여이다. 대학생의 가치가 탈물질주의에서 물질주의로 한 단위 증가할 때 투표에 참여 할 승산(odds)은 약 1.303배 증가하며, 학년이 한 단위 증가할 때 투표에 참여할 승산은 약 1.617배 증가한다. 또한, 정치만족도가 한 단위 증가할 때 투표에 참여할 승산은 약 1.877배 증가한다. 이를 한계효과로 해석하면 다른 통제변인을 투입한 상태에서 탈물질주의에서 물질주의의 방향으로 한 단위 증가할 때 국회의원 선거에 투표할 확률은 3.4% 만큼 증가하며($p < .05$), 학년이 한 단위 증가할 때 투표할 확률은 약 6.2%만큼 증가한다($p < .001$). 또한 정치에 대한 흥미의 정도가 한 단위 증가할 때 투표

〈표 3-9〉대학생의 물질주의가 투표참여에 미치는 영향을 분석한 이항로지스틱 결과

	model 1			model 2		
	오즈비	한계효과	표준오차	오즈비	한계효과	표준오차
탈물질주의 지수 (0=탈물질주의, 6=물질주의)	1.303*	0.034	0.123	1.328*	0.028	0.141
성별(기준: 남성)	–	–	–	–	–	–
여성	0.705	-0.047	0.272	0.859	-0.015	0.321
전공(기준: 인문/사회/교육)	–	–	–	–	–	–
자연/공학	0.884	-0.016	0.267	0.709	-0.033	0.308
의학계열	1.407	0.038	0.608	–	–	–
예체능	0.644	-0.062	0.442	0.585	-0.055	0.493
학년	1.617***	0.062	0.131	1.427*	0.035	0.151
가구소득(log)	0.952	-0.006	0.086	0.893	-0.011	0.099
학교 소재지 (기준: 서울/경기/인천)	–	–	–	–	–	–
강원	0.573	-0.081	0.504	0.818	-0.025	0.554
부산/대구/울산	0.909	-0.012	0.307	1.726	0.053	0.366
전북/전남/광주	1.175	0.019	0.429	1.876	0.059	0.529
충북/충남/대전/세종	0.960	-0.005	0.360	1.287	0.027	0.407
주관적 계층의식	0.984	-0.002	0.159	1.077	0.007	0.185
정치적 성향	0.915	-0.012	0.078	0.882	-0.012	0.089
정치에 대한 흥미 정도	1.877***	0.081	0.165	1.597*	0.046	0.189
수도 결정계수	.086			.072		
로그 가능성	-227.699			-177.487		
표본수	546			530		
Cragg & Uhler's 결정계수	0.127			0.099		
카이제곱 통계 값	43(14)			27.55(13)		

유의수준: +p⟨0.10, *p⟨0.05, **p⟨0.01, ***p⟨0.001

할 확률은 8.14%만큼 증가한다.

　다음으로 model 2는 종속변인이 대통령 선거에서의 투표참여이다. 대학생의 가치가 탈물질주의에서 물질주의로 한 단위 증가할 때 투표에 참여할 승산은 약 1.328배 증가하며, 학년이 한 단위 증가할 때 투표에 참여할 승산은 약 1.427배 증가하며, 정치에 대한 흥미정도가 한 단위 증가할 때 투표에 참여할 승산은 약 1.597배 증가한다. 같은 방식으로 한계효과를 해석하면 다음과 같다. 다른 독립변인이 통제된 상태에서 대학생의 가치가 탈물질주의에서 물질주의로 한 단위 증가할 때, 대통령 선거에 투표할 확률은 약 2.8% 증가한다(p<.05). 또한 학년이 한 단위 증가할 때 투표할 확률은 약 3.5% 증가한다(p<.05). 마지막으로 정치에 대한 흥미 정도가 한 단위 증가할 때 투표할 확률은 약 4.6% 증가한다(p<.05). 전체적으로 대학생의 물질주의의 증가는 투표할 확률을 증가시키며 대선보다는 국회의원 투표에 미치는 효과가 약간 큰 것으로 나타났다. 다시 말해서 대학생의 가치가 탈물질주의에서 물질주의 방향으로 증가하면 총선거와 대통령 선거에 투표할 확률은 증가한다고 해석할 수 있다.

(2) 시민행동: 어려운 참여

〈표 3-10〉에서는 종속변인이 시민행동인 다중선형회귀분석 결과이다. 〈표 3-9〉와는 다르게, 탈물질주의 지수를 역으로 재설정하였다. 즉 값이 클수록 탈물질주의 가치가 크다는 것을 의미한다(물질주의:0, 탈물질주의:6). 그 이유는 탈물질주의가 클수록 어려운 참여를 한다는 선행 연구와의 비교를 수행하기 위함이다. 탈물질주의가 증대될수록 시민행동에 정적(+)인 영향을 미치는 것으로 분석 결과가 나왔다(p<.05). 다른 변인들을 해석하면 남성에 비해 여성이(p<.01), 정치적 성향이 진보적일수록(p<.001), 정치에 대한 흥미의 정도가 높을수록(p<.001) 시민행동에 적극적인 것으로 나타났다. 또한, 학교 소재지가 서울/경기/인천에 비해 부산/대구/울산, 전북/전남/광주, 충북/

충남/대전/세종 지역 학생이 시민행동에 긍정적인 영향을 미치는 것으로 나타났다. 이 분석모형은 종속변수의 변이의 약 21.4%를 설명한다. 분산팽창계수(VIF)값은 평균 1.20으로 다중공선성에 문제는 없는 것으로 나타났다.

〈표 3-10〉 대학생의 탈물질주의가 시민행동에 미치는 영향을 분석한 다중선형회귀 결과

	model 1	
	비표준화 회귀계수	표준오차
탈물질주의 지수 (0=물질주의, 6=탈물질주의)	0.040*	0.016
성별(기준 : 남성)		
여성	0.097**	0.034
전공(기준 : 인문/사회/교육)	–	–
자연/공학	-0.018	0.034
의학계열	0.055	0.065
예체능	0.063	0.058
학년	0.001	0.015
가구소득(log)	0.006	0.011
출신 지역(기준 : 서울/경기/인천)	–	–
강원	0.088	0.070
부산/대구/울산	0.084**	0.038
전북/전남/광주	0.124*	0.051
충북/충남/대전/세종	0.094*	0.047
제주	0.147	0.168
주관적 계층의식	0.012	0.020
정치적 성향	-0.047***	0.010
정치에 대한 흥미 정도	0.242***	0.021
상수	1.153(0.119)***	
표본수	700	
결정계수	.231	
수정된 결정계수	.214	

주1) 유의수준: +p<0.10, *p<0.05, **p<0.01, ***p<0.001

〈표 3-11〉은 시민행동 참여의 하위변인들을 별도의 종속변수로 구성하여 재분석하였다. model1은 종속변인이 "탄원서·진정서·청원서에 서명"한 경험에 대학생의 가치가 미치는 영향을 분석한 내용을 보여준다. 결과를 바탕으로 해석을 하면, 남성에 비해 여성이 시민행동에 참여할 승산(odds)이 약 2.106배이며(p<.001), 수도권에 비해 부산·대구·울산 지역이 참여할 승산은 약 1.489배(p<.05), 수도권에 비해 전북·전남·광주 지역이 참여할 승산이 약 1.709배(p<.05)임을 알 수 있다. 정치적 변인들도 통계적으로 유의미한 결과를 보여주었다. 이를 해석하면, 정치적 성향이 진보적일수록 시민행동에 참여할 승산이 약 .863배 증가(p<.01)하고, 정치에 대한 흥미 정도가 높을수록 시민행동에 참여할 승산이 약 2.948배 증가(p<.001)한다는 것을 확인할 수 있었다. 하지만 대학생의 가치가 "탄원서·진정서·청원서에 서명" 참여에 미치는 영향은 통계적으로 유의미하지 않았다.

model 2는 종속변인이 '보이콧(불매·구독거부 운동)에 참여'한 경험에 대학생의 가치가 미치는 영향을 분석한 내용이다. 분석결과, 남성에 비해 여성이 참여할 승산이 약 1.765배(p<.001)이며, 정치적 성향이 진보적일수록 시민행동에 참여할 승산이 약 .839배 증가(p<.001)하고, 정치에 대한 흥미 정도가 높을수록 시민행동에 참여할 승산이 약 2.311배 증가(p<.001)하는 것으로 나타났다. 하지만 model 2는 model 1에서의 결과와 같이, 대학생의 가치는 보이콧(불매·구독거부 운동)의 참여에 통계적으로 유의미한 영향을 미치지 않는 것으로 나타났다.

model 3은 종속변인이 '평화적 시위나 촛불집회에 참여' 경험에 대학생의 가치가 미치는 영향을 분석한 내용이다. 흥미로운 결과는 이 유형의 참여에 대학생의 가치, 즉 물질주의가 탈물질주의의 방향으로 증가할수록 집회나 시위에 참여할 승산이 약 1.181배 증가(p<.05)한다는 것이다. 또한, 진보

적일수록 시민행동에 참여할 승산이 약 .761배 증가(p<.001)하고, 정치적 흥미도가 높을수록 정치적 행동에 참여할 승산이 약 2.487배 증가(p<.001)한다. 하지만 model 4에서는 대학생의 가치가 '정치후원금 기부나 선거운동 참여'에 통계적으로 유의미한 결과를 보여주지는 못하였다. 반면에, 수도권에 비해 충북·충남·대전·세종 지역이 이러한 시민행동에 참여할 승산이 약 1.683배 증가(p<.05)하는 것으로 나타났다. 또한 정치에 대한 흥미 정도가 높을수록 '정치후원금 기부나 선거운동에 참여'할 승산이 약 2.767배 증가(p<.001)하는 것을 보여준다. 마지막 model 5는 종속변인이 '파업·점거농성에 참여'를 한 경험에 대학생의 가치가 미치는 영향을 분석한 모형이다. 분석결과, 대학생의 가치가 물질주의에서 탈물질주의의 방향으로 증가할수록 '파업·점거농성에 참여'할 승산이 약 1.224배(p<.05)높으며, 전공이 인문·사회·교육에 비해 예·체능 계열이 참여할 승산비가 약 1.884배(p<.05) 높고, 수도권에 비해 부산·대구·울산이, 충북·충남·대전·세종이 '파업·점거농성에 참여'할 승산이 각각, 약 1.589배(p<.05), 1.871배(p<.05) 높았다. 또한 정치적 성향이 진보적일수록, 정치에 대한 흥미 정도가 높을수록 '파업·점거농성에 참여'할 승산은 각각 약 .763배(p<.001), 1.850배(p<.001) 높았다.

이와 같은 분석 결과를 바탕으로 해석하면, 대학생의 가치는 시민행동 참여에 통계적으로 유의미한 결과를 보여주지만, 세부적인 유형별로는 차이가 있다는 것을 확인할 수 있었다. 특히, 현재 대한민국 사회에서 이슈가 되는 촛불집회에서는 대학생들의 탈물질주의적 가치가 중요한 변인으로 작동한다고 추정할 수 있다. 또한, 진보적 성향일수록, 정치에 대한 흥미가 높을수록 시민행동에 적극적으로 참여할 가능성이 크다는 것을 확인할 수 있었다.

〈표 3-11〉 탈물질주의적 가치가 시민행동에 미치는 영향을 분석한 순서형 로지스틱 결과(N=700)

	model 1			model 2			model 3			model 4			model 5		
	β	유의도	오즈비	β	유의도	오즈비	β	유의도	오즈비	β	유의도	오즈비	β	유의도	오즈비
가치(0=물질주의, 6=탈물질주의)	0.106	0.176	1.112	0.138	0.078	1.148	0.167	0.043	1.181	0.106	0.106	1.112	0.202	0.017	1.224
성별(0:남성, 1: 여성)	0.745	0.000	2.106	0.568	0.001	1.765	0.236	0.169	1.266	0.065	0.671	1.067	0.075	0.671	1.078
전공(0:인문/사회/교육)	–	–	–	–	–	–	–	–	–	–	–	–	–	–	–
자연/공학	-0.179	0.299	0.836	-0.136	0.425	0.873	-0.007	0.968	0.993	0.033	0.852	1.034	0.031	0.865	1.031
의학계열	0.186	0.565	1.205	0.260	0.420	1.297	0.586	0.080	1.797	0.025	0.941	1.025	0.109	0.748	1.115
예체능	0.206	0.477	1.229	-0.032	0.911	0.969	0.233	0.432	1.263	0.165	0.586	1.180	0.633	0.035	1.884
학년	-0.071	0.339	0.932	0.056	0.445	1.058	-0.015	0.841	0.985	-0.101	0.184	0.904	0.147	0.059	1.158
가구소득(log)	0.053	0.339	1.054	0.028	0.606	1.028	0.039	0.483	1.040	-0.033	0.563	0.968	0.006	0.914	1.006
출신지역(기준: 서울/경기/인천)	–	–	–	–	–	–	–	–	–	–	–	–	–	–	–
강원	0.558	0.122	1.746	0.365	0.269	1.441	0.291	0.421	1.338	0.031	0.931	1.032	0.261	0.476	1.298
부산/대구/울산	0.398	0.039	1.489	0.175	0.360	1.191	0.239	0.226	1.270	0.262	0.190	1.300	0.463	0.023	1.589
전북/전남/광주	0.536	0.035	1.709	0.432	0.087	1.540	0.506	0.053	1.659	0.138	0.599	1.148	0.516	0.054	1.675
충북/충남/대전/세종	0.356	0.125	1.428	0.103	0.659	1.108	0.078	0.743	1.081	0.521	0.030	1.683	0.626	0.011	1.871
제주	-0.264	0.740	0.768	0.122	0.881	1.129	1.789	0.046	5.985	1.112	0.174	3.042	-0.226	0.808	0.798
주관적 계층의식	–	–	–	0.088	0.391	1.092	-0.030	0.775	0.971	0.182	0.084	1.200	-0.158	0.146	0.854
정치적 성향	–	–	–	-0.147	0.003	0.863	-0.273	0.000	0.761	-0.013	0.798	0.987	-0.271	0.000	0.763
정치에 대한 흥미 정도	–	–	–	1.081	0.000	2.948	0.838	0.000	2.311	0.911	0.000	2.487	0.615	0.000	1.850
한계치 /cut1	1.367791			.8226329			.7404323			3.120388			1.093562		
/cut2	4.419442			3.723253			4.182552			6.55723			5.237864		
로그 기능성	-615.48852			-636.43914			-569.26063			-536.24489			-489.24828		
카이제곱 통계값	145.36***			108.19***			130.42***			98.50***			97.12***		

주 1) 유의수준: +p<0.10, *p<0.05, **p<0.01, ***p<0.001
주 3) 통계적으로 유의미한 변수의 β, P-value, 오즈비는 색인처리 하였음. 유의도는 본문의 해석을 참조할 것.

〈표 3-12〉 대학생의 가치가 사회참여에 미치는 영향

	Model 1		Model 2	
	비표준화 회귀계수	표준오차	비표준화 회귀계수	표준오차
가치 (0=물질주의, 6=탈물질주의)	-0.021*	0.009	-0.002	0.008
성별(기준 : 남성)	–	–	–	–
여성	-0.034	0.019	-0.006	0.018
전공(기준 : 인문/사회/교육)	–	–	–	–
자연/공학	0.014	0.020	0.035	0.018
의학계열	-0.000	0.038	0.010	0.035
예체능	0.033	0.034	0.064*	0.031
	–	–	–	–
학년	0.002	0.009	0.003	0.008
가구소득(log)	0.001	0.006	-0.010	0.006
출신 지역 (기준 : 서울/경기/인천)	–	–	–	–
강원	0.007	0.041	0.034	0.037
부산/대구/울산	-0.023	0.022	-0.026	0.021
전북/전남/광주	0.007	0.030	-0.001	0.027
충북/충남/대전/세종	-0.030	0.027	-0.025	0.025
제주	-0.099	0.098	-0.051	0.090
주관적 계층의식	0.020	0.012	0.013	0.011
정치적 성향	-0.003	0.006	0.006	0.005
정치에 대한 흥미 정도	0.035***	0.012	0.033**	0.011
상수	1.014***	0.069	0.920***	0.064
표본수	700		700	
결정계수	.044		.032	
수정된 결정계수	.023		.011	

유의수준: +p⟨0.10, *p⟨0.05, **p⟨0.01, ***p⟨0.001이며, 제시된 계수는 표준화 회귀계수.

3) 가치와 사회참여의 연관성

다음은 종속변인이 시민단체 참여(model 1)와 정치단체 참여(model 2)인 다중회귀모형이다. 즉 대학생의 가치가 사회참여에 어떠한 영향을 미치는가를 확인하는 분석이다. 구체적인 결과를 살펴보면 다음과 같다. 첫째, model 1에서는 물질주의와 시민단체 참여가 통계적으로 유의미한 결과를 보였다. 즉 대학생의 가치가 물질주의일수록 시민단체 참여에 정적(+)인 영향을 미치며($p<.05$), 정치에 대한 흥미의 정도가 높을수록 시민단체 참여에 정적(+)인 영향을 미친다($p<.001$).

둘째, model 2에서는 대학생의 가치가 정치단체 참여에 미치는 영향을 분석하였다. 하지만 가치는 통계적으로 유의미한 결과를 보이지 않았으며, 다만 정치에 대한 흥미의 정도만이 통계적으로 유의미한 정적인 결과를 보인다. 또한 분석모형의 설명력도 종속변수의 변이의 약 1.1%만을 설명하여 모형도 적합하지 않은 결과를 보인다. 이러한 결과는 대학생의 정치단체 참여에 미치는 영향에 또 다른 변인들이 존재할 가능성을 배제할 수 없지만 현재 한국의 대학생이 정당이나 노동조합 등 정치단체 참여에 적극적인 참여를 하지 않고 있는 현실 상황을 반영한 것이라 해석할 수도 있다.

05

——

소 결

후기산업화 시대의
가치와 참여 요인

본 연구는 대학생의 가치가 정치사회적 참여에 미치는 영향을 분석하였다. 실증적 분석 결과를 바탕으로 주요 함의를 제시하면 다음과 같다.

첫째, 잉글하트와 달톤 등 후기산업사회 학파가 주장하고 있는 것처럼 우리나라에서도 탈물질주의의 증가를 젊은 세대가 이끌고 있음을 관찰할 수 있었다. 이번 대학생 집단을 표본으로 한 연구에서 탈물질주의자는 성인 집단을 대상으로 한 가장 최근의 조사(KSDC 2010)보다 3배나 많았다. 미국의 금융사태(2008) 이후의 장기 불황과 청년 실업의 경제위기 속에서도 '88만원 세대'(우석훈·박권일 2007)에서조차 탈물질주의자가 완만하게 증가하여 왔다는 사실은 대단히 흥미롭다. 이는 일차적으로 경제 불황의 효과보다 4차 산업혁명을 이끌고 있는 후기산업화 효과나 촛불집회와 같은 정치사회적 요인이 더욱 강력하게 영향을 미쳤음을 시사한다.

둘째, '쉬운 참여'로 분류되는 투표 참여에는 대학생의 물질주의가 통계적으로 유의미한 결과를 보였다. 이러한 결과는 김욱(2013)의 연구와는 일치하지 않는 것이다. 즉 김욱은 전국 유권자를 중심으로 분석한 결과에서 물질주의가 투표에 미치는 효과는 유의미하지 않다고 하였으나, 본 연구에서는 물질주의가 강할수록 투표할 확률이 증가하였다. 하지만 연령(본 연구에서는 학년으로 대처)은 김욱의 연구와 마찬가지로 통계적으로 유의미한 결과를 보였다. 즉 연령이 증가할수록 투표에 참여할 확률은 증가하였다. 한편, 박희봉(2010)의 연구에서처럼 지역효과는 나타나지 않았다. 박희봉의 연구에서는 대통령선거와 국회의원선거에서 대구지역 대학생이 타지역 대학생보다 투표율이 높았으며 광주지역 대학생들의 투표율은 확연하게 낮게 나타났다. 하지만, 본 연구에서는 통계적인 유의미함을 찾아 볼 수 없었다.

셋째, '어려운 참여'의 한 형태인 시민행동은 대학생의 탈물질주의 가치가 클수록 정적(+)인 영향을 미쳤다. 이와 같은 결과는 기존에 많은 선행연구들에서도 밝혀진바 있다. 즉 김욱과 김영태(2006)의 연구에서는 탈물질주의적 가치 요인이 어려운 참여인 사회참여에 상당한 영향력을 행사한다고 나타났다. 또한 2008년도에 촛불집회에 참가한 사람들을 대상으로 분석을 실시한 조기숙과 박혜윤(2008)의 연구에서도 집회 참가자의 성격이 물질주의적이기보다는 탈물질주의적이라고 지적한다. 마지막으로 김욱(2013)의 연구에서도 탈물질주의 지수가 클수록 어려운 참여인 비선거참여에 관여할 가능성이 증가하는 것으로 나타났다. 따라서 탈물질주의자가 서명, 보이콧, 시위, 파업과 같은 비관례적(unconventional) 정치행동에 더 많은 활동을 한다는 서구의 연구결과(Inglehart, 1990)와 비교해 볼 때, 대학생 집단에서도 이와 유사한 결과가 드러남을 재확인할 수 있었다. 또한 시민행동에 영향을 미치는 또 다른 요인을 비교해 보면, 남성에 비해 여성이, 정치적 성향이 진보에 가까울수록 정적(+)인 영향을 미친다는 본 연구의 결과는 기존 연구(김욱·김영태, 2006)와 일치하였다.

넷째, '어려운 참여'중에서 어떠한 유형의 시민행동에 탈물질주의가 영향을 미치는지를 분석한 결과, 탈물질주의는 '평화적 시위나 촛불집회에 참여'와 '파업과 점거농성에 참여'에 통계적으로 유의미한 결과를 보였다. 특히 '평화적 시위나 촛불집회 참여'의 경우에는 학교 소재지를 투입한 상태에서도 통계적으로 유의미함이 유지되었는데 이는 지역과 상관없이 탈물질주의가 높은 대학생들이 시민행동에 적극적이었다는 것을 의미한다. 또한, 종속변인이 '정치후원금 기부나 선거운동 참여'인 모형을 제외하고 진보적인 성향의 대학생이 시민행동에 적극적이었으며 정치에 대한 흥미 정도는 모든 정치사회적 참여에 정적인 영향을 미치는 것으로 나타났다. 이러한 분석결과는 조기숙과 박혜윤(2008)의 연구에서 주장했듯이 촛불집회에 참가하는 사람들의 특성이 고학력자이며, 물질주의적이기보다는 탈물질주의적이라는 해석과 일치하는 것이다.

다섯째, 가치가 사회참여에 미치는 효과는 투표나 시민행동만큼 분명하게 나타나지는 않았다. 물론, 대학생의 가치가 물질주의일수록 시민단체 참여에 정적(+)인 영향을 미쳤지만 통계적으로 큰 의미를 두기는 어렵다. 보다 주목할 것은 정당과 노동운동 등 정치단체의 참여는 그 어떤 변수와도 통계적으로 유의미한 결과를 갖지 않았다는 점이다. 가장 큰 이유는 두 가지인데, 우선 청년 세대에 대한 정당의 낮은 관심 요인이다. 최근에 와서 대학생위원회와 청년위원회를 강조하고 있지만, 현실은 청년들의 기대에 한참 못미치고 있다. 한 때 진보정당의 바람이 불면서 민주노동당의 대학생 당원은 전체 당원의 10%를 차지하였다. 젊은 정당을 표방하였던 민주노동당 학생위원회는 전국 50여개 지부에 3천여 명의 당원들이 활동하였다(『한겨레21』 2004. 2. 12). 그러나 거듭된 노선 분열과 결정적으로는 통합진보당 해산 이후 학생위원회 조직들은 결정적 타격을 입었다. 다른 정당들도 사정은 엇비슷하다. 정치자금법의 10%를 의무적으로 할당받는 여성위원회와 달리 17만

명을 거느린 민주당 청년위원회의 예산은 0원이다. 정해진 예산을 사전에 배분받는 것이 아니라 선거운동 특히 선거유세 때마다 필요 경비를 조달받는 방식이다(노컷뉴스 2015. 9. 23.). 또 다른 요인은 정당과 정치활동에 높은 진입 장벽을 두고 있는 폐쇄적인 대학문화에 있다. 아직 많은 대학들이 '정치활동 금지' '정당가입 금지' 등을 학칙에 명시하고 있다(『한겨레21』 2004. 2. 12). 어쨌든 이런 상황에서 물질주의든 탈물질주의이든, 진보와 보수든 상관없이 대학생들의 정치활동과 노동운동의 참여에 차이가 드러나지 않는 것은 어쩌면 당연한 결과일 수 있겠다.

끝으로, 본 연구의 한계와 풀지 못한 숙제를 지적하는 것으로 논문을 마무리하고자 한다.

가장 큰 아쉬움은 물질주의와 탈물질주의의 구분과 특성에 집중한 까닭에 가장 많은 비중을 차지하고 있는 혼합형에 대한 해석과 분석을 시도하지 못했다는 점이다. 분석의 사각지대로 남은 혼합형의 정치참여와 사회참여의 특성을 밝히는 것은 다음 연구의 중요한 과제로 남겨 둘 수밖에 없다. 또 따른 한계는 '정치에의 관심과 흥미'즉 정치학적 개념으로는 정치적 효능감이라는 중요 변수를 다루지 못했다.[4) 정치적 효능감은 투표참여와 시민행동, 사회단체와 정치단체 참여 모두에 통계학적으로 유의미한 긍정적 영향을 미치는 것으로 나타났지만, 이를 충분히 설명하지 못했다.

사회통합의 관점에서 어떤 유형의 정치사회적 참여가 특정 집단에 의해 배타적으로 주도되는 것은 바람직하지 않다. 왜냐하면 대의 민주주의와 직접 민주주의, 투표와 시민행동, 정당정치와 광장정치는 현대 민주주의를 구성하는 양대 기둥이기 때문이다. 비유하자면, 이상적인 정치는 한 손에는 촛불, 한 손에는 마법의 탄환(bullet)인 투표(ballot)를 든 '양손잡이 민주주의'일 수 있다(최장집·박상훈 2017). 결론적으로, 민주주의의 진전과 사회통합을 위해서는 소속된 공동체를 변화시킬 수 있다는 자신의 능력과 체제에 대한 확신, 즉 정치적 효능감을 제고시켜야 한다. 이를 위한 가장 효율적인 방법은 미래를 이끌 대학생을 비롯한 청년세대들이 정치사회적 참여에 적극 나서도록 민주시민교육을 강화하고, 청년 비례대표 등 그들의 정치적 대표성을 확대하는 것이다.

제 4 장

G세대의
이념과 참여

G세대의 탄생_ 그들의 가치와 이념, 참여에 대한 고찰

01

G세대의 이념

이념(ideology)은 논리적으로 일관성 있는 일련의 도덕적·경제적·사회 문화적 사고체계로서 정치 및 권력과 견고하고 명확한 연관을 맺고 있다. 단지 일시적 형태의 군집된 의견과는 대조적으로 오랜 생명력과 주요 주창자와 대변인, 상당한 수준의 제도화를 갖춘 사상체계라 할 수 있다(로버트 니스벳 2007). 한편으로 이념은 중요한 정치세력의 정강과 입장을 정식화한 것이자 사회의 발전방향에 대한 규범적 입장을 체계화한 것이다. 흔히들 근대화가 시작된 지난 3세기 동안 자유주의, 사회주의, 그리고 보수주의를 서구의 3대 정치 이념으로 지칭하여 왔다.

이념의 종말 또는 종언이 회자되는 요즘 같은 시대에 과연 G세대들은 체계적이고 확고한 이념을 갖고 있기는 한 것일까? 먼저 그 질문에 답하기

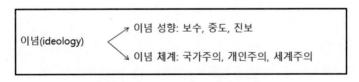

〈그림 4-1〉 이념 성향과 이념 체계의 구분

전에 본 연구에서는 이념을 이념 성향과 이념 체계로 구분하고 있다.

이념 성향이 진보와 보수, 좌파와 우파와 같은 체계화된 이데올로기적인 지향성을 뜻한다면 이념 체계는 개인, 국가, 세계라는 공동체에 대한 소속감이나 정체성을 말하는 것이다. 이 장에서 집중적으로 살펴볼 문제는 3가지로 요약할 수 있다.

첫째, 이들 신세대의 정치적 무관심과 지나친 개인주의가 민주주의의 위기를 초래하고 있으며, 정치적으로 앞선 민주화세대와 달리 보수화되고 있다는 주장의 적실성이다. 둘째, 이와는 정반대의 인식으로 보수주의를 "지식인집단으로서 자유주의자들의 반대편에 서 있는 바보들의 집단이 신봉하고 있는 세계적으로 가장 인기 없는 개념"이며, 본질적으로 젊은 세대와 대립할 수밖에 없는 이념이라는 주장이다(Huntington 1957, 470). 셋째, 가장 중요한 항목인데, G세대들이 실제로 국가주의보다는 세계주의나 개인주의를 지향하고 있는가의 문제이다. 먼저, G세대들의 이념 성향을 살펴보도록 하자.

02

G세대의
이념 성향과 참여

1) 대학생의 이념 성향에 미치는 사회통계학적 요인

일반적으로 이념 성향은 진보와 보수라는 분화의 두 축을 중심으로 경험적 측정이 이루어진다. 보다 구체적으로, 이념 성향에 대한 측정은 객관적으로 각종 사회적 현안에 대한 응답자의 응답에 나타난 입장과 태도를 종합해서 개개인의 이념 성향을 진보와 보수의 축에서 평가하는 객관적 측정 방식과, 응답자에게 직접 자신의 이념성향을 평가하도록 한 결과에 의존하는 주관적 측정 방법이 있다. 본 연구에서는 비교의 편의성을 위해 주관적 측정 방법을 채택하였다.[1] 구체적으로는 "우리 사회에서 진보와 보수를 구분한다고 할 때, 아래 ①번부터 ⑩번 중에서 자신이 속하다고 생각하는 곳의 번호에 ✔표 해주십시오"라는 질문을 주고, 진보(1-3), 중도(4-7), 보수(8-10) 세 개의 범주로 구분하였다. 그 결과 〈표 4-1〉을 얻었다.

〈표 4-2〉는 이번 조사와 동일한 문항으로 측정된 KSDC(2010)의 결과를 나타낸 것이다. 전체를 대상으로 한 KSDC(2010)와 마찬가지로 중도가 압도적으로 많고, 진보가 보수보다 약간 많다. 대학생의 경우 진보와 보수의 격

차는 4.2%로 KSDC의 2.5%보다는 크지만 통계적으로 유의미한 정도는 아니었다.

〈표 4-1〉 두 가지 분류 기준에 따른 이념 성향의 분포

	진보(1-4), 중도(5-6), 보수(7-10)		진보(1-3), 중도(4-7), 보수(8-10)	
	비율(%)	N	비율(%)	N
진보	29.8	208	13.3	93
중도	45.4	318	77.6	543
보수	24.8	174	9.1	64

〈표 4-2〉 대학생과 일반 시민의 이념 성향 분포 비교

	KSDC(2010)		G세대	
	비율(%)	N=1200	비율(%)	N=700
진보	18.9	227	13.3	93
중도	64.3	772	77.6	543
보수	16.5	198	9.1	64
결측	0.25	3	0.0	0.0

동일한 방식에 의한 시계열적 분석이 아니기 때문에 대학생의 이념 성향이 보수화되었는지 아니면 진보적으로 변화하였는지를 확인할 수는 없다. 단지 같은 방식으로 20대를 대상으로 측정한 동아시아연구원의 자료를 참조할 때, 보수화나 중도화의 일방적 경향을 확인하는 것은 어렵다. 대학생을 대상으로 한 학원복음화협의회(2012)의 조사 역시 진보가 보수보다 5% 많다는 점에서 이번 조사 결과와 유사하다(〈표 4-3〉 참조).

본 연구에서는 〈표 4-1〉의 진보(1-3), 중도(4-7), 보수(8-10)의 범주로 측정한 값을 활용하고자 한다.[2] 현재 우리나라 대학생 집단 중 진보(13.3%)와 보수(9.1%)라는 이념적 정체성을 분명히 밝히고 있는 이들은 도대체 누구일

〈표 4-3〉 우리나라 대학생의 이념 성향 분포 (단위: %)

	G세대	동아시아연구원 2006	동아시아연구원 2002	학원복음화협의회 (2012)	배한동
진보	29.8	25.0	34.2	26.1	43.2
중도	45.4	45.9	39.0	54.0	43.7
보수	24.8	29.2	26.3	19.9	12.9

출처: 동아시아연구원. 〈EAI 여론브리핑: 변화하는 한국인의 이념지형〉 No.5(2006.12.18).

까? 먼저 소득과 성, 지역과의 연관성을 살펴보자.

전반적인 패턴은 앞의 가치에서 나타난 결과와 유사하다. 영남 지역에서 보수 응답자의 비율이 평균을 약간 상회하였으며, 호남 지역에서 자신을 보수라고 응답한 비율은 전국 평균의 절반에도 미치지 못했다. 이러한 결과는 한미관계나 복지문제를 기준으로 볼 때 "광주지역의 대학생들이 부산의 대학생들 보다 다소 진보적인 성향이 있다"는 다른 연구 결과(전용주외 2008, 304)와 일치한다. 또한 상대적으로 진보적인 지역이 인천(평균 3.33)이고, 보수적인 지역이 울산(2.78)과 대구(2.98)라는 또 다른 조사 결과와 유사하다(학원복음화협의회 2012, 73). 소득은 가치와 달리 고소득층에서 진보와 보수로의 양극화 현상이 눈에 띤다.

이번 조사에서 가장 주목할 점은 성별에 따른 이념 성향의 차이이다. 이념 성향에서 여학생 응답자들은 통계적으로 유의미한 정도로 진보 성향을

〈표 4-4〉 이념 성향과 인구사회학적 요인 (단위: %)

구분 (전체 평균)	소득(만원) 200미만	소득(만원) 200-500	소득(만원) 5000이상	성 남	성 여	지역 수도권	지역 중부권	지역 영남권	지역 호남권
진보(13.3)	10.5	13.3	15.9	10.4	17.7	12.0	17.1	11.6	12.5
중도(77.6)	81.3	78.3	72.2	78.3	76.5	78.4	73.1	76.7	83.3
보수(9.1)	8.2	8.4	11.9	11.4	5.8	9.6	9.7	11.6	4.2

보여주었다. 자신을 진보라고 답한 여학생 비율은 남학생보다 높았으며(△ 7.3%), 보수라고 답한 응답자 비율은 남학생의 절반에 그쳤다. 다음 〈그림 4-2〉는 성별·세대별 정당 지지율인데, 이번 조사 결과를 강력히 뒷받침해 주고 있다.

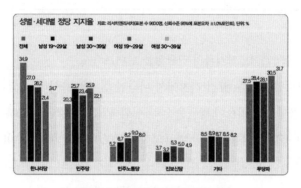

〈그림 4-2〉 성별·세대별 정당 지지율
출처: 『한겨레 21』 제795호(2010. 1. 18).

얼핏 보면 20~30대 여성은 지지 정당이 없는 무당파가 가장 많기 때문에 정치에 무관심한 것처럼 보인다. 하지만 눈 여겨 보면 20대 여성들의 진보 경향을 발견할 수 있다. 한나라당 지지율을 성별·세대별로 분석해보면, 20대 여성이 21.4%로 가장 낮다. 전체 평균보다 13.5% 포인트나 낮은 수치다. 정당 지지율을 보수(한나라당·친박연대·자유선진당), 중도(민주당·창조한국당), 진보(민주노동당·진보신당)로 재분류해보면, 20대 여성이 보수 정당에 호의적이지 않다는 사실이 두드러진다. 전체 평균 40.4%인 보수 정당 지지율은 20대 여성에서 25.9%로 주저앉는다. 반면 20대 여성의 중도 정당 지지율은 27.6%, 진보 정당 지지율은 14.0%로 전체 평균(중도 정당 21.4%, 진보 정당 8.9%)보다 높은 것은 물론 모든 세대와 성별에서 가장 높았다(『한겨레 21』 2010. 1. 18.).

이러한 흐름은 최근 일관되게 젊은 세대의 투표율 상승 특히 젠더 효과로 나타나고 있다. 한국일보는 차기 대선(2017. 5) 투표율의 선행지표라고 할 수 있는 선거관심도 조사결과에서 야당 성향이 강한 2040 세대의 선거관심도가 보수성향이 강한 5060 세대의 선거관심도를 능가하고 있음을 근거로 이들 세대의 투표율 상승을 예고한 바 있다(『한국일보』 2016. 12. 31). 실제로 18대 대선(2012)에서는 2030 세대의 투표율 상승이 두드러졌다. 그리고 무엇보다 세대의 투표율 상승을 이끄는 젠더투표에 주목해야 한다. 17대 대선까지는 30대를 제외하면 모든 세대에서 여성투표율이 남성투표에 못 미치거나 비슷한 수준에 불과했다. 18대 대선에서는 60대 이상을 제외한 모든 세대에서 여성투표율이 남성투표율을 능가하기 시작했다. 아직은 남녀 투표율의 차이가 크지는 않지만 추이로 보면 여성들의 투표율 상승 폭이 훨씬 크다. 이것이 바로 5060 세대의 증가에도 불구하고 20대 총선(2016)에서 여소야대를 가능하게 했던 원동력이며, 여성은 '정치에 소극적이다'라는 통설이 이번 대선에서 완전히 빗나갈 가능성이 크다는 주장의 근거이기도 하다(정한울 2016).

다음의 〈표 4-5〉 역시 여학생이 남학생보다 진보적인 성향을 갖고 있다는 사실을 뒷받침하고 있다. 대북정책을 온건한 방향으로 설정해야 한다는

〈표 4-5〉 한국 차기 정권의 대북정책 방향에 대한 견해 (단위: %)

구분		사례(수)	더 온건한 방향	현행대로	더 강경한 방향
성별	남	499	19.4	53.9	26.7
	여	501	25.1	54.9	20.0
이념 성향	보수	199	24.7	47.6	27.7
	중도	540	19.1	59.9	21.1
	진보	261	27.2	48.1	24.8

출처: 학원복음화협의회(2012, 91)에서 재인용

견해에 여학생은 남학생보다 더 높은 응답률을 보이고 있는데, 이 차이는 보수와 진보의 차이보다 더 크다.

요약하자면, 한국사회에서 G세대의 진보적 경향을 이끄는 것은 여성이라고 할 수 있다. 〈표4-6〉은 이념 성향과 학년/전공의 연관성을 나타낸 것이다. 역시 1학년이 가장 진보적이었으며 고학년이 될수록 보수적 경향이 짙어지고 있다. 이 점은 학년이 높아질수록 보수적인 성향을 보인다는 다른 조사와 일치하는 결과이다(학원복음화협의회 2012, 73). 전공은 의학과 예체능 전공 대학생들의 진보 경향이 두드러졌고 상대적으로 공학계열의 학생들이 보수적 성향을 보였다.

〈표 4-6〉 학년/전공과 이념성향의 관계 (단위: %)

구분 (전체 평균)	학년				전공						
	1	2	3	4	인문	사회	교육	공학	자연	의학	예체능
진보(13.3)	18.18	12.35	11.72	13.06	13.99	13.29	10.00	10.77	14.86	17.39	16.95
중도(77.6)	76.77	79.68	80.47	73.87	76.92	76.22	90.00	78.46	75.68	76.09	74.58
보수(9.1)	5.05	7.97	7.81	13.06	9.09	10.49	0.00	10.77	9.46	6.52	8.47

2) 가치와 이념 성향의 상관관계 분석

〈표 4-7〉은 가치와 이념 사이에 놓여 있는 매우 흥미로운 사실을 보여주고 있다. 자신을 진보라고 밝힌 응답자 중 무려 30.1%가 탈물질주의자에 해당되었지만 그 중 물질주의자는 단지 2명(2.2%)에 불과하였다. 반대로 보수라고 밝힌 응답자 중 4.7%만이 탈물질주의자였지만, 물질주의자는 23.4%를 차지하였다. 이상 단순하게 비교해 볼 때, 탈물질주의와 진보, 물질주의와 보수는 통계적으로도 유의미한 수준에서 집단간 차이가 있음을 〈표

<표 4-7> 가치와 이념 성향

가치체계	이념 성향			전체
	진보	중도	보수	
탈물질주의자	28 (30.1%)	71 (13.1%)	3 (4.7%)	102 (14.6%)
혼합형	63 (67.7%)	410 (75.5%)	46 (71.9%)	519 (74.1%)
물질주의자	2 (2.2%)	62 (11.4)	15 (23.4%)	79 (11.3%)
전체	93 (100.0%)	543 (100.0%)	64 (100.0)%	700 (100.0%)

(F값= 28.03, p<0.010)

4-8>에서 확인할 수 있었다.

이번 조사 결과는 이념 성향과 탈물질주의가 밀접한 연관성이 있다는 기존의 연구(정철희, 1997; 김욱·이이범, 2006; 강수택·박재흥, 2011)와도 일치하는 것이다. 민병기 외(2013)의 연구에서도 주관적 정치이념과 가치(물질/탈물질)의 상관관계가 매우 높게 나왔다(.211**). 정당 지지에서 우파, 물질주의, 권위주의 집단의 대학생 그룹은 보수정당을 지지하는 반면, 좌파, 탈물질주의, 탈권위주의 집단에서는 진보정당을 지지하는 것으로 확인되었다. 김욱·김영태(2006)의 연구에서도 대전과 목포 양 지역 모두에서 탈물질주의자일수록 진보적 성향을 가질 확률이 높은 것으로 드러났다.

<표 4-8> 이념과 가치의 분산분석

변산원	자승합	자유도	평균자승	F값	유의도
집단 간	142.48	2	71.24	28.03	0.00
집단 내	1771.65	697	2.54		
전체	1914.13	699	2.73		

분산 동질성 검정(Bartlett's test): chi2(2) = 0.7631 Prob>chi2 = 0.683

<표 4-9> 가치와 이념의 상관성

가치체계	정치 이념			전체
	진보	중도	보수	
물질주의자	130 (48.9%)	74 (27.8%)	62 (23.3%)	266 (100%)
혼합형	217 (49.8%)	155 (35.6%)	64 (14.7%)	436 (100%)
탈물질주의자	152 (56.9%)	80 (30.0%)	35 (13.1%)	267 (100%)
전체	499 (51.5%)	309 (31.9%)	161 (16.6%)	969 (100%)

출처: 김욱·김영태(2006, 191)에서 재인용

　　대학생 집단을 대상으로 한 이번 조사에서 이념과 가치의 연관성이 기존의 어떤 연구보다 더 큰 것으로 나타났다. 우리나라의 대학생 집단이 탈물질주의적 경향으로 급격히 치닫고 있다거나 진보화의 길을 걷고 있다고는 말할 수 없다. 그렇지만 가치와 이념의 상호관계가 보다 분명하게 그리고 밀접한 형태로 연계되어 있으며, 남학생보다는 여학생에게서 뚜렷하게 나타나고 있음을 확인하였다.

03

G세대의
이념 체계와 참여

1) G세대의 세계시민주의

대학생들의 이념 성향을 분석한 연구들은 많지만 이념 체계를 다룬 것은 국내외적으로 매우 드물다. 먼저, 개인주의나 국가주의는 사회과학적으로 이미 정립된 개념이지만 세계시민주의는 최근에 부각된 신생 개념이기 때문에 설명이 필요하다. 세계시민주의는 국민국가를 넘어선 세계사회의 존재와 활동에 대해 인지하고 지지하며, 자기 자신을 이러한 세계사회의 일원으로 인식하고, 이를 사고와 행동의 준거로 활용하는 태도로 정의내릴 수 있다. 즉, 세계시민주의는 전 세계적인 다양한 사회문제를 특수한 민족적·지역적 집단의 문제로만 바라보지 않고 자신을 비롯한 세계인의 문제로서 관심을 표명하는 것과 더불어, 그 문제를 관리하는 초국가적 제도의 역할을 지지하는 태도를 포함한다고 할 수 있다(Ramirez and Meyer, 2012).

우선 세대 의식 및 정체성에 대한 기존의 연구들은 젊은 세대가 기성세대에 비해 글로벌, 탈물질적 이슈들에 대해 더욱 개방적이고 포용성이 높다는 점을 지적한다(Graaf, Dirk, and Evans, 1996). 고도성장과 산업화, 그리고 권위주의적 정치환경 속에서 성장하고 교육받은 세대보다 탈산업화, 정보화 사회, 민주주의, 세계화를 경험하고 학습한 세대가 인권, 기업의 책임 등에 대해 더 민감하다는 것이다(Moon and Koo 2011). 그리고 이러한 세대변수는 교육변수와 연결되어 있다. 왜냐하면, 교육은 개인들로 하여금 세계사회의 가치관과 규범인 인권, 평화, 환경 등의 중요성에 대한 지식 및 가치관을 습득하고 내면화하는 데 기여할 뿐 아니라 세계시민의식 그 자체를 형성하는 데 매우 결정적이기 때문이다. 이러한 결과들을 토대로 고학력자들일수록 세계사회의 가치관과 규범에 대한 학습기회가 보다 많고, 국제기구의 활동과 정책적 능력에 대해 우호적인 태도를 발전시킬 수 있으며, 결과적으로 세계시민주의를 형성할 가능성이 더 높다.

세계시민주의가 세대 및 교육과 연관되어 있다는 주장은 국내에서도 대체로 지지받고 있다. 장용석(2012)은 이념 체계를 개인주의, 국가주의, 공동체주의, 세계시민주의로 구분하여 그것이 신뢰와 포용성, 행복에 미치는 영향에 대해 국가별 비교 연구를 수행하였다. 조기숙·박혜윤은 집단주의 대 개인주의, 물질주의 대 탈물질주의라는 구분을 통해 촛불집회 참여자들의 문화적 경향을 탐색하였다. 일반 국민과 비교해 본 결과 촛불집회 참가자들은 집단주의보다는 개인주의가, 물질주의보다는 탈물질주의 성향이 상대적으로 높게 나타났다(조기숙·박혜윤 2008, 258). 홍덕률(2003)은 전전의 산업화 세대의 이념 체계의 특징을 물질주의-국가주의-권위주의로, 민주화 세대의 가치를 민주주의-자유주의로 요약하였다. 그러나 대학생의 이념 체계를 독립적인 주제로 삼은 연구는 찾기 어렵다. 먼저, 이번 연구에서 사용된 변수 및 문항들을 정리하여 본다.

2) 연구방법 및 측정

본 연구의 문제인식은 대학생의 이념체계가 정치참여와 사회참여에 미치는 영향을 확인하는데 있는데, 사용된 표본, 연구모형 그리고 분석방법은 앞과 동일하다(19쪽 참조). 본 연구에서 사용된 변인의 설문문항은 〈표 4-10〉에 제시하였다. 각 하위문항을 분석에서 하나의 변인으로 통합하려는 시도를 하였으나 크론바흐 알파값(Cronbach-α)이 현저하게 낮은 관계로 본격적인 분석에서는 하위문항을 직접 투입하였다. 범주는 '매우 동의'에서 '전혀 동의하지 않음'인 4점 리커트(Likert)척도이며, 해석의 용이성을 위해 역으로 재설정하였다.

〈표 4-10〉 변인별 설문문항

변인		설문문항
이념체계	세계시민주의	1)나는 내 자신을 세계의 시민으로 생각한다. 2)나는 모든 사람이 인종, 민족, 문화, 종교와 관계없이 평등한 대우와 존중을 받아야 한다고 생각한다.
	국가주의	1)나는 내 자신을 대한민국이라는 국가의 일부분으로 생각한다. 2)국가가 국민을 테러로부터 보호하기 위해서 개인정보침해는 불가피하다.
	개인주의	1)나는 내 자신을 독자적인 개인으로 생각한다. 2)개인의 자유와 권리가 국가에 대한 충성이나 사회질서보다 더 중요하다.

〈표 4-11〉 기술통계치

변인		관측치	평균	표준편차	빈도(%)	최솟값	최댓값	Chronbach-α
세계시민주의	문항(1)	700	2.583	.630	–	1	4	
	문항(2)	700	3.357	.673	–	1	4	
국가주의	문항(3)	700	2.880	.689	–	1	4	–
	문항(4)	700	2.236	.837	–	1	4	
개인주의	문항(5)	700	2.863	.638	–	1	4	
	문항(6)	700	2.767	.730	–	1	4	

+ $p < 0.10$, * $p < 0.05$, ** $p < 0.01$, *** $p < 0.001$

3) 상관분석

〈표 4-12〉는 본 연구에서 사용된 분석방법 중 하나인 최소자승법을 활용한 다중회귀분석으로 제시된 것이다. 대학생의 이념 체계가 정치참여와 사회참여에 미치는 영향을 살펴보기 전에 다중공선성(multicollinearity)을 활용하여 분산팽창계수(variance inflation factor: VIF값)를 제시하였다. 주요변인들의 상관분석을 살펴보면 다음과 같다.

'세계시민주의'에서는 1번 문항을 중심으로, 2번 문항(r=.188, p<.001)이 '국가주의'의 3(r=.447, p<.001), 4번 문항(r=.142, p<.001), '개인주의'의 5번 문항(r=.124, p<.001)과 6번 문항(r=.087, p<.05)이 정(+)의 상관관계를 보였다. 또한 정치흥미도(r=.146, p<.001), 가구소득(r=.094, p<.05), 주관적 계층의식(r=.146, p<.001), 시민행동(r=.162, p<.001), 시민단체참여(r=.145, p<.001)와도 정(+)의 상관관계를 확인할 수 있었다. '세계시민주의'에서 2번 문항을 중심으로는 '국가주의'3번 문항(r=.129, p<.001)과 '개인주의'의 5번 문항(r=.101, p<.01)과 6번 문항(r=.161, p<.001)이 정적 상관관계를 보였으며, '국가주의'의 4번 문항(r=-.117, p<.01)과 이념(정치)성향(r=-.180, p<.001), 정치단체참여(r=-.112, p<.01)와는 부적(-) 상관관계를, 정치흥미도(r=.076, p<.05)와 시민행동(r=.121, p<.001)은 정적(+) 상관관계를 보였다.

'국가주의'의 3번 문항을 중심으로는 '국가주의'의 4번 문항(r=.153, p<.001)과 이념(정치)성향(r=.085, p<.05), 정치흥미도(r=.092, p<.05), 주관적 계층의식(r=.090, p<.05)이 정적(+) 상관관계를, '개인주의'의 5번 문항(r=-.112, p<.01)과 6번 문항(r=-.098, p<.01)은 부적(-) 상관관계를 보였다. '국가주의'의 4번 문항을 중심으로는 '개인주의'의 6번 문항(r=-.078, p<.05)이 부적(-) 상관관계를, 이념(정치)성향(r=.266, p<.001), 시민단체참여(r=.089, p<.05)가 정적(+)

	1.	2.	3.	4.	5.	6.	7.	8.	9.	10.	11.	12.	13.	14.
1. 세계시민주의: 나는 내 자신을 세계의 시민으로 생각한다.	1													
2. 세계시민주의: 나는 모든 사람이 인종, 민족, 문화, 종교와 관계없이 평등한 대우와 존중을 받아야 한다고 생각한다.	0.1881 / 0.000	1												
3. 국가주의: 나는 내 자신을 대한민국이라는 국가의 일부분으로 생각한다.	0.4467 / 0.000	0.1388 / 0.0002	1											
4. 국가주의: 국가가 국민을 테러로부터 보호하기 위해서 개인정보침해는 불가피하다	0.1417 / 0.0002	-0.1166 / 0.002	0.1532 / 0.000	1										
5. 개인주의: 나는 내 자신을 독자적인 개인으로 생각한다.	0.124 / 0.001	0.1008 / 0.0076	-0.1123 / 0.0029	0.0552 / 0.1445	1									
6. 개인주의: 개인의 자유와 권리가 국가에 대한 충성심이나 사회질서보다 더 중요하다.	0.087 / 0.0213	0.1606 / 0.000	-0.0962 / 0.0093	-0.0785 / 0.0378	0.2413 / 0.000	1								
7. 이념 성향	-0.0062 / 0.8703	-0.1805 / 0.000	0.085 / 0.0245	0.2659 / 0.000	-0.023 / 0.5434	-0.2157 / 0.000	1							
8. 정치흥미도	0.1456 / 0.0001	0.0762 / 0.0438	0.0922 / 0.0147	0.0163 / 0.6671	0.0777 / 0.0397	0.0462 / 0.2225	0.0321 / 0.3967	1						
9. 학년	-0.0157 / 0.6775	-0.0238 / 0.5302	0.0521 / 0.1687	-0.02 / 0.5972	-0.0339 / 0.3706	-0.064 / 0.0907	0.0952 / 0.0118	0.0727 / 0.0546	1					
10. 가구소득	0.0937 / 0.0131	0.0365 / 0.3346	0.0363 / 0.3379	0.0114 / 0.763	0.0171 / 0.6519	0.0393 / 0.2991	0.0261 / 0.4912	0.0617 / 0.103	0.0183 / 0.6283	1				
11. 주관적 계층의식	0.1465 / 0.0001	0.0219 / 0.5621	0.0901 / 0.0171	0.0641 / 0.0903	0.0067 / 0.8585	0.0459 / 0.225	0.032 / 0.3982	0.0051 / 0.8919	0.0038 / 0.9208	0.5696 / 0.000	1			
12. 시민행동	0.1618 / 0.000	0.1206 / 0.0014	0.0437 / 0.2487	-0.0654 / 0.0836	0.0957 / 0.0113	0.1461 / 0.0001	-0.2111 / 0.000	0.3813 / 0.000	0.0213 / 0.5738	0.033 / 0.3838	0.0134 / 0.724	1		
13. 시민단체참여	0.145 / 0.0001	-0.0091 / 0.8096	0.048 / 0.2051	0.089 / 0.0186	-0.0751 / 0.0471	-0.046 / 0.2242	0.0038 / 0.9198	0.1077 / 0.0043	0.0011 / 0.976	0.1002 / 0.008	0.1172 / 0.0019	0.1837 / 0.000	1	
14. 정치단체참여	0.0051 / 0.8928	-0.1116 / 0.0031	-0.0415 / 0.2727	0.0694 / 0.0666	-0.0859 / 0.0231	-0.0171 / 0.651	0.0546 / 0.1494	0.1012 / 0.0074	0.0117 / 0.7576	-0.038 / 0.3152	0.0086 / 0.8213	0.0969 / 0.0103	0.512 / 0.000	1

+ p⟨0.10, * p⟨0.05, ** p⟨0.01, *** p⟨0.001

상관관계를 보였다.

'개인주의'에서 5번 문항을 중심으로 해석하면, '개인주의'의 6번 문항 (r=.241, p<.001)과 정치흥미도(r=.078, p<.05), 시민행동(r=.096, p<.05)이 정적(+) 상관관계를, 시민단체참여(r=-.075, p<.05)와 정치단체참여(r=-.086, p<.05)에는 부적(-) 상관관계를 보였다.

이상 결과를 볼 때, 높은 상관계수(특히, 주관적 계층의식과 가구소득)는 다중공선성에 주의해야 한다. 따라서 다중회귀분석을 실시한 후에 분산팽창계수값을 살펴볼 것이다.

4) 분석결과

(1) 이념 체계가 정치참여(투표)에 미치는 영향

〈표 4-13〉은 대학생의 이념 체계가 투표참여에 미치는 영향을 분석한 표이다. 본 연구에서는 대학생의 이념체계를 정치변인(이념 성향, 정치흥미도)과 '세계시민주의', '국가주의', '개인주의'로 구분하여 독립변수로 투입하였다. 〈표 4-13〉에서의 종속변수는 '국회의원 선거'와 '대통령 선거'이다.

우선, 종속변수가 '국회의원 선거'인 분석을 해석하면 다음과 같다. '세계시민주의'의 문항에서 스스로를 세계의 시민으로 생각할수록 투표에 참여할 승산은 약 1.501배 감소한다. '세계시민주의'에서 또 다른 문항인 모든 사람이 인종, 민족, 종교와 관계없이 평등한 대우와 존중을 받아야 한다는 의견에는 긍정적으로 생각할수록 투표할 승산은 약 1.501배 증가한다. 다음으로 '국가주의'의 문항에서는 스스로를 대한민국이라는 국가의 일부분으로 생각한다는 의견이 긍정적으로 한 단위 증가할 때 투표할 승산은 약 2.105배 증가한다. '국가주의'에서 또 다른 문항인 국가가 국민을 테러로부터 보호하기 위해서 개인정보 침해는 불가피하다는 의견이 긍정적으로 한 단위 증가할 때 투표할 승산은 약 0.684배 감소한다. 하지만 '개인주의'와 관련한 문항과 국회의원선거 투표참여와는 통계적으로 유의미한 결과를 보이지 않았다.

이 결과를 한계효과로 재해석하면, 정치흥미도가 한 단위 증가할 때 투표할 확률은 약 8.5% 증가하고, '세계시민주의'의 문항에서 스스로 세계의 시민으로 생각할수록 투표할 확률은 7.3% 감소한다. 또 다른 문항인 모든 사람이 인종, 민족, 종교와 관계없이 평등한 대우와 존중을 받아야 한다는 생각이 긍정적인 방향으로 한 단위 증가할 때 투표할 확률은 약 5% 증가한다. '국가주의'에서는 스스로를 대한민국이라는 국가의 일부분으로 생각한다는 의견이 긍정적인 방향으로 한 단위 증가할 때 투표할 확률은 약 9.3% 증가한다. 하지만 국가가 국민을 테러로부터 보호하기 위해서 개인정보침해는 불가피하다는 의견이 긍정적인 방향으로 한 단위 증가할 때는 투표할 확률이 약 4.7% 감소한다.

다음, 종속변수가 '대통령선거'인 분석에서는 종속변수가 '국회의원 선거'인 분석과 마찬가지로 정치흥미도가 한 단위 증가할 때 투표에 참여할 승산은 약 1.669배 증가한다. 하지만 '세계주의'와 '국가주의'의 일부 문항에서는 통계적으로 유의미하지 않은 결과를 보였다. 좀 더 자세히 살펴보면, '세계시민주의'의 문항에서 모든 사람이 인종, 민족, 종교와 관계없이 평등한 대우와 존중을 받아야 한다고 생각할수록 투표할 승산은 약 1.859배 증가하지만 스스로를 세계의 시민으로 생각한다는 의견은 통계적으로 유의미하지 않았다. '국가주의'에서는 하위 문항인 스스로를 대한민국이라는 국가의 일부분으로 생각할수록 투표할 승산은 약 1.673배 증가한다. 하지만 국가가 국민을 테러로부터 보호하기 위해서 개인정보침해는 불가피하다라는

〈표 4-13〉 이념 체계가 투표참여에 미치는 영향 (N=700)

변수		국회의원선거 오즈비	국회의원선거 한계효과	국회의원선거 표준오차	대통령 선거 오즈비	대통령 선거 한계효과	대통령 선거 표준오차
정치 변인	이념 체계	1.006	0.001	0.010	0.952	-0.005	0.009
	정치흥미도	1.978***	0.085	0.021	1.669**	0.048	0.019
세계 시민 주의	나는 내 자신을 세계의 시민으로 생각한다.	0.558*	-0.073	0.029	0.715	-0.032	0.026
	나는 모든 사람이 인종, 민족, 문화, 종교와 관계없이 평등한 대우와 존중을 받아야 한다고 생각한다.	1.501*	0.050	0.024	1.859**	0.059	0.021
국가 주의	나는 내 자신을 대한민국이라는 국가의 일부분으로 생각한다.	2.105***	0.093	0.026	1.673*	0.049	0.023
	국가가 국민을 테러로부터 보호하기 위해서 개인정보침해는 불가피하다	0.684*	-0.047	0.020	0.721	-0.031	0.018
개인 주의	나는 내 자신을 독자적인 개인으로 생각한다.	1.070	0.008	0.027	1.135	0.012	0.024
	개인의 자유와 권리가 국가에 대한 충성심이나 사회질서보다 더 중요하다.	1.062	0.008	0.023	0.783	-0.023	0.021
통제 변인 (SES)	성별(기준: 남성)	-	-	-	-	-	-
	여성	0.657	-0.054	0.037	0.795	-0.022	0.033
	전공(기준: 인문/사회/교육)	-	-	-	-	-	-
	자연/공학	0.857	-0.019	0.035	0.701	-0.033	0.030
	의학계열	1.627	0.051	0.056	(empty)		
	예체능	0.694	-0.048	0.064	0.680	-0.037	0.052
	학년	1.605***	0.059	0.016	1.419*	0.033	0.014
	가구소득(log)	0.953	-0.006	0.011	0.884	-0.012	0.010
	출신지역(기준: 서울/경기/인천)	-	-	-	-	-	-
	강원	0.552	-0.083	0.078	0.719	-0.039	0.072
	부산/대구/울산	0.903	-0.013	0.039	1.701	0.048	0.033
	전북/전남/광주	1.046	0.005	0.051	1.533	0.040	0.046
	충북/충남/대전/세종	0.916	-0.011	0.045	1.218	0.020	0.041
	제주	(empty)					
	주관적 계층의식	0.994	-0.001	0.020	1.109	0.010	0.018
수도 결정계수		0.124			0.105		
로그 가능성		-218.334			-171.084		
표본수		546			530		
Cragg & Uhler's 결정계수		0.179			0.143		
카이제곱 통계값		61.73(19)			40.35(18)		

주) 유의도: * p<.05; ** p<.01; *** p<.001

의견은 통계적으로 유의미하지 않았다. 또한 대통령 선거 투표참여에서도 '개인주의'는 통계적으로 유의미한 결과를 보이지 않았다.

이 결과를 한계효과로 재해석하면 다음과 같이 이해할 수 있다. 정치흥미도가 한 단위 증가할 때 투표할 확률은 약 4.8% 증가하고 모든 사람이 인종, 민족, 문화, 종교와 관계없이 평등한 대우와 존중을 받아야 한다는 생각이 정적인 방향으로 한 단위 증가할 때 투표할 확률은 약 5.9% 증가한다. 또한 스스로를 대한민국이라는 국가의 일부분으로 생각한다는 의견이 정적인 방향으로 한 단위 증가할 때 투표할 확률은 약 4.9%증가한다. 추가로 종속변수가 '국회의원 선거'와 '대통령 선거' 투표참여에 미치는 통제변인으로는 학년이 통계적으로 유의미하였으며, 학년이 증가할수록 투표할 확률은 각각 5.9%와 3.3%증가하는 것으로 나타났다.

(2) 이념 체계가 시민행동에 미치는 영향

〈표 4-14〉는 이념이 시민행동에 미치는 영향을 다중선형회귀모형으로 분석한 표이다. 결과를 살펴보면, 일단 정치변인부터 이념 성향이 진보적일수록 시민행동은 정적(+)인 방향으로 증가(p<.001)하고, 정치흥미도가 증가할수록 시민행동은 정적(+)인 방향으로 증가(p<.001)한다. 하지만 대학생의 '세계시민주의', '국가주의', '개인주의'에서는 '세계시민주의' 일부 문항만이 통계적으로 유의미했다. 이를 해석하면, 스스로를 세계의 시민으로 생각한다는 의견이 긍정적인 방향으로 증가할수록 시민행동은 정적(+)인 방향으로 증가한다(p<.05). 통제변인에서는 성별과 출신지역 만이 통계적으로 유의미했다. 남성에 비해 여성이(p<.001), 서울/경기/인천에 비해 전북/전남/광주 출신지역(p<.05)과 충북/충남/대전/세종 출신지역(p<.05) 대학생이 시민행동에 보다 더 적극적인 것으로 나타났다. 이 모형은 종속변수의 변이에 약

〈표 4-14〉 이념 체계가 시민행동에 미치는 영향

변수		시민행동	
		비표준화 회귀계수	표준오차
정치 변인	이념 체계	−0.048***	0.010
	정치흥미도	0.227***	0.021
세계 시민 주의	나는 내 자신을 세계의 시민으로 생각한다.	0.059*	0.029
	나는 모든 사람이 인종, 민족, 문화, 종교와 관계없이 평등한 대우와 존중을 받아야 한다고 생각한다.	0.015	0.024
국가 주의	나는 내 자신을 대한민국이라는 국가의 일부분으로 생각한다.	0.001	0.026
	국가가 국민을 테러로부터 보호하기 위해서 개인정보침해는 불가피하다	−0.007	0.019
개인 주의	나는 내 자신을 독자적인 개인으로 생각한다.	0.024	0.025
	개인의 자유와 권리가 국가에 대한 충성심이나 사회질서보다 더 중요하다.	0.036	0.022
통 제 변 인 (SES)	성별(기준: 남성)	–	–
	여성	0.104***	0.033
	전공(기준: 인문/사회/교육)	–	–
	자연/공학	−0.013	0.035
	의학계열	0.042	0.065
	예체능	0.053	0.059
	학년	0.003	0.015
	가구소득(log)	0.003	0.011
	출신지역 (기준: 서울/경기/인천)	–	–
	강원	0.080	0.070
	부산/대구/울산	0.073	0.039
	전북/전남/광주	0.126*	0.051
	충북/충남/대전/세종	0.102*	0.047
	제주	0.155	0.168
	주관적 계층의식	0.004	0.021
상수		0.951(0.162)***	
표본수		700	
결정계수		0.238	
수정된 결정계수		0.216	

주) 유의도: * p<.05; ** p<.01; *** p<.001

21.6%를 설명한다.

(3) 이념 체계가 사회참여에 미치는 영향

〈표 4-15〉는 대학생의 이념체계가 '시민단체 참여'와 '정치단체 참여'에 미치는 영향을 다중선형회귀분석으로 살펴본 것이다. 종속변수가 '시민단체 참여'인 부분부터 살펴보면 통계적으로 유의미한 변수는 정치흥미도와 '세계시민주의'의 일부 문항과 '개인주의'의 일부 문항만이 통계적으로 유의미했다. 즉 정치흥미도가 높을수록 '시민단체 참여'에 정적(+)인 방향으로 증가(p<.05)하고, '세계시민주의'에서 스스로를 세계의 시민이라고 생각할수록 '시민단체 참여'에 정적(+)인 방향으로 증가한다(p<.001). '개인주의' 문항에서는 스스로를 독자적인 개인으로 생각한다는 의견이 높을수록 '시민단체 참여'에 부적(-)인 방향으로 증가하는 것으로 나타났다(p<.01). 즉 스스로를 개인보다는 사회공동체의 구성원으로 생각하는 경향성이 높을수록 시민단체 참여에 적극적일 것이라고 유추할 수 있는 결과이기도 하다.

다음, 종속변수가 '정치단체 참여'인 분석에서는 정치흥미도와 '세계시민주의', '국가주의', '개인주의'의 일부문항이 통계적으로 유의미한 결과를 보였다. 대학생의 정치흥미도가 정적(+)인 방향으로 증가할수록 정치단체 참여가 높으며(p<.001), 모든 사람이 인종, 민족, 문화, 종교와 관계없이 평등한 대우와 존중을 받아야 한다고 생각할수록 정치단체 참여는 감소한다(p<.05). 즉 이 세계시민주의 문항인 보편적인 대우와 존중에 반대하는 사람이 오히려 정치단체 참여를 한다고 이해할 수 있다. 다음으로 '국가주의'에서 스스로를 대한민국이라는 국가의 일부분으로 생각할수록 정치단체 참여는 감소한다(p<.05). 즉 대학생이 국가와 분리된 경향이 높을 때 정치단체에 참여한다고 유추할 수 있다. 이러한 결과는 앞서 '세계시민주의'가 정치단체

〈표 4-15〉 이념 체계가 사회참여에 미치는 영향

변수		시민단체 참여		정치단체 참여	
		비표준화 회귀계수	표준오차	비표준화 회귀계수	표준오차
정치 변인	이념 체계	-0.007	0.006	0.003	0.005
	정치흥미도	0.033*	0.014	0.038***	0.011
세계 시민 주의	나는 내 자신을 세계의 시민으로 생각 한다.	0.067***	0.018	0.017	0.015
	나는 모든 사람이 인종, 민족, 문화, 종교 와 관계없이 평등한 대우와 존중을 받아 야 한다고 생각한다.	-0.009	0.015	-0.031*	0.013
국가 주의	나는 내 자신을 대한민국이라는 국가의 일부분으로 생각한다.	-0.025	0.017	-0.028*	0.014
	국가가 국민을 테러로부터 보호하기 위해 서 개인정보침해는 불가피하다	0.022	0.012	0.016	0.010
개인 주의	나는 내 자신을 독자적인 개인으로 생각 한다.	-0.042**	0.016	-0.034*	0.013
	개인의 자유와 권리가 국가에 대한 충성 심이나 사회질서보다 더 중요하다.	-0.016	0.014	0.005	0.012
통제 변인 (S E S)	성별(기준: 남성)	–	–	–	–
	여성	-0.028	0.021	-0.004	0.018
	전공(기준: 인문/사회/교육)	–	–	–	–
	자연/공학	0.010	0.022	0.033	0.018
	의학계열	-0.006	0.042	0.003	0.035
	예체능	-0.010	0.038	0.058	0.031
	학년	0.001	0.010	0.003	0.008
	가구소득(log)	0.006	0.007	-0.010	0.006
	출신지역(기준: 서울/경기/인천)	–	–	–	–
	강원	-0.001	0.045	0.037	0.037
	부산/대구/울산	-0.024	0.025	-0.023	0.021
	전북/전남/광주	-0.019	0.033	0.001	0.027
	충북/충남/대전/세종	-0.056	0.030	-0.031	0.025
	제주	-0.143	0.108	-0.050	0.090
	주관적 계층의식	0.020	0.013	0.012	0.011
상수		1.063(0.104)***		1.107(0.086)***	
표본수		700		700	
결정계수		.070		.059	
수정된 결정계수		.043		.031	

주) 유의도: * p⟨.05; ** p⟨.01; *** p⟨.001

참여에 미치는 영향의 결과와 비교해 보면 세계시민주의의 반대가 국가주의라고 해석할 수 없음을 보여주기도 한다. 다음으로 스스로를 독자적인 개인으로 생각할수록 정치단체 참여는 증가한다$(p<.05)$.

　이 분석모형은 대학생의 이념체계가 '시민단체 참여'와 '정치단체 참여'에 미치는 영향을 분석하였다. '세계시민주의', '국가주의', '개인주의'와 같은 이념체계가 사회단체 참여에 미치는데 있어서 일관된 방향으로 영향을 미친다고 해석하기보다는 다양한 이념체계의 작용으로 시민단체 참여와 정치단체 참여에 영향을 준다고 이해하는 것이 좋을 것이다. 하지만 이 분석모형들은 각각, 종속변수의 변이에 약 4.3%와 약 3.1%를 설명하여 설명력은 낮았다. 그럼에도 불구하고 대학생의 이념체계가 사회단체 참여에 실증적인 분석을 바탕으로 통계적으로 유의미한 결과를 보인다는 점에서 분석에 의의가 있다.

04

소 결

G세대의 이념과
참여의 특성

〈표 4-16〉은 가치와 이념 체계의 상관성을 보여주고 있다. 탈물질주의 자일수록 개인주의 성향이 강하고 물질주의자일수록 국가주의 성향이 높았다. 세계주의자들은 물질주의보다는 다소 탈물질주의 성향이 강한 것으로 나타났다. 이번 연구의 소득 중 하나는 '후기산업화의 경제활동이 유연 경제와 개인주의적 경향을 지원'한다는 잉글하트의 테제가 우리나라에서도 일정 부분 사실임을 확인하였다는 점이다. 그들에 따르면, "자기표현 가치(혹은 개인주의)가 생존 가치(혹은 집단주의)보다 얼마나 더 우선시되는가의 정도가 사회의 사회경제적 발전 수준을 반영"한다(잉글하트와 웰젤 2007, 249).

〈표 4-16〉 이념 체계와 가치의 상관성 (단위: %)

가치	이념 체계			전체
	개인주의	국가주의	세계시민주의	
탈물질주의자	22.9	7.6	14.4	14.6
혼합형	68.8	77.5	75.8	74.1
물질주의자	8.2	14.9	9.8	11.3
전체	100.0	100.0	100.0	100.0

〈표 4-17〉 이념과 참여의 관계

		평균 지수	사회참여				정치참여	
			시민	자원봉사	친목	정치	투표참여	시민행동
이념 성향	진보	8.14	10.81	14.01	5.16	-10.16	19.72	52.52
	중도	-0.32	-0.87	0.41	-0.55	1.14	-6.32	-6.57
	보수	-9.10	-8.31	-23.81	-2.86	5.12	24.97	-20.57
이념 체계	개인주의	-11.27	-11.95	-14.62	-5.81	-3.12	-1.52	3.18
	국가주의	4.95	5.37	5.82	1.28	5.89	-6.32	-10.97
	세계시민주의	6.40	6.62	9.16	5.11	-4.64	10.76	11.77

　　이념이 참여에 미치는 효과를 정리한 것이 〈표 4-17〉이다. 이념 성향에 있어서는 진보의 사회참여가 보수보다 높았다. 보수는 사회참여나 시민행동은 소극적이지만 투표참여는 적극적인 것으로 나타났다. 이념 체계와 사회참여의 관계는 개인주의가 낮았고 세계시민주의와 국가주의가 상대적으로 높았다. 퍼트남은 Bowling Alone(2000)에서 결사체 가입의 감소와 신뢰 및 호혜성 등 사회적 자본이 감소된 원인 중 하나로 미국에서의 개인주의 심화를 지적한 바 있다. 하지만 퍼트남의 이러한 주장에 대해 잉글하트와 웰젤(2007, 256-257)은 개인주의와 휴머니즘이 대립하며, 개인주의가 반(反)시민적인 결과를 야기한다는 것은 오류라고 비판하고 있다. 그들에 따르면, 개인주의 성장은 사람들을 더욱 사회적으로 독립시키며 자율적으로 만든다. 우려할 것은 개인주의가 아니라 다양성보다 획일성을, 시민적 자율성 위에 국가 권위를 강조해 온 집단주의이다. 오히려 개인주의는 반차별적이고 인류애적 경향을 조성하고, 친시민적 특징을 갖고 있다.

　　이번 조사를 통해 개인주의가 정치참여와 사회참여에 어떤 영향을 미치고 있는가를 발견하였다고 단언하기는 어렵다. 사실 개인주의 자체가 미치는 영향은 양방향적인 속성을 갖고 있다. 개인에 대한 정체성 부여는 타인에 대한 존중의 의미도 포함하고 있으므로 신뢰나 포용성에 긍정적인 영향을 미칠 수 있으나, 과도한 정체성 부여나 소규모 혈연·지연에 매몰될 경우 타인에 대한 배타성은 늘어날 것이다(Schartz 1990). 한 경험적 연구 또한 개인주의의 복합성을 보여주고 있다. 개인주의의 근간이 되는 개인의 자율성은 사회체제, 포용성, 행복과 모두 긍정적인 상관관계를 나타내고 있었으나 개인이 투영하는 정체성의 범위가 좁을수록 사회통합 구성요소에 미치는 영향은 부정적이었다. 특히 지연을 중시하는 성향의 경우 사회체제 신뢰, 포용성, 행복과 부정적인 상관관계를 보이고 있었으며, 혈연을 중시하는 경향은 행복과 부정적인 관계를 나타내고 있었다. 다만 개인주의가 극대화된 이기주의적 성향은 행복에 부정적인 영향을 보이고 있었으나, 포용성과는 긍정적인 상관관계를 나타내고 있었다(장용석외 2012, 312).

이번 조사에서도 개인주의는 투표참여와 시민행동에 있어서는 세계주의보다는 낮고 국가주의보다는 높은 수준을 차지하였다. 하지만 사회참여에 있어서는 최저 수준을 보여주었다.

이념 성향이 대학생과 전체 한국인의 사회참여에 미치는 영향을 정리한 것이 〈표 4-18〉이다. 이념 성향은 대학생이나 일반인이나 모두 진보의 사회참여가 보수나 중도보다 높게 나왔다. 하지만 정치단체의 참여만큼은

〈표 4-18〉 대학생 집단과 일반 시민의 이념과 참여 비교

		G세대(2017)					KSDC(2010)				
		평균지수	시민	자원봉사	친목	정치	평균지수	시민	자원봉사	친목	정치
이념성향	진보	8.14	10.81	14.01	5.16	-10.16	14.30	10.03	13.13	12.77	6.24
	중도	-0.32	-0.87	0.41	-0.55	1.14	-3.82	-3.96	-4.86	-2.07	-1.77
	보수	-9.10	-8.31	-23.81	-2.86	5.12	-0.59	4.56	4.43	-5.69	0.21

일반 시민과 달리 진보성향의 대학생들이 가장 낮은 것으로 나타났다.

이 지점에서 왜 가치와 이념과 상관없이 정당과 노동조합에 대한 대학생들의 참여가 이렇게 저조한 지에 대해 살펴볼 필요가 있다. 가장 큰 이유는 두 가지인데, 우선 청년 세대에 대한 정당의 낮은 관심 요인이다. 최근에 와서 대학생위원회와 청년위원회를 강조하고 있지만, 현실은 청년들의 기대에 한참 못 미치고 있다. 한 때 진보정당의 바람이 불면서 민주노동당의 대학생 당원은 전체 당원의 10%를 차지하였다. 젊은 정당을 표방하였던 민주노동당 학생위원회는 전국 50여개 지부에 3천여 명의 당원들이 활동하였다(『한겨레21』 2004. 2. 12). 그러나 거듭된 노선 분열과 결정적으로는 통합진보당 해산 이후 학생위원회 조직들은 결정적 타격을 입었다. 다른 정당들도 사정은 엇비슷하다. 정치자금법의 10%를 의무적으로 할당받는 여성위원회와 달리 17만 명을 거느린 민주당 청년위원회의 예산은 0원이다. 정해진 예산을 사전에 배분받는 것이 아니라 선거운동 특히 선거유세 때마다 필요 경비를 조달받는 방식이다(노컷뉴스 2015. 9. 23.).

또 다른 요인은 정당과 정치활동에 높은 진입 장벽을 두고 있는 폐쇄적인 대학문화에 있다. 아직 많은 대학들이 '정치활동 금지' '정당가입 금지' 등을 학칙에 명시하고 있다. 실제로 지난해 경기도의 ㄷ대와 ㅎ대에서는 민주노동당 학생위원회 명의의 대자보를 학교 당국이 강제로 철거해 학생들과 마찰을 빚기도 했다(『한겨레21』 2004. 2. 12). 이러한 현상들은 최근까지도 이어지고 있다. 지난 2013년 3월 한양대와 전북대에서 통합진보당 이정희 대표의 강연회가 불허되어 논란이 일은 바 있다. 이어 덕성여대는 총학생회 등이 주최한 '진보2013' 행사를 불허했다. 이정희 대표와 노종면 전 YTN 노조위원장, 박한용 민족문제연구소 연구실장 등이 강연자로 나서는 행사였다. 대학은 학생처장 공문을 통해 "학칙에 따라 학생은 학내외를 막론하고 정당 또는 정치적 목적의 사회단체에 가입하거나 기타 정치활동을 할 수 없다"며 "진보 2013은 정치활동으로 보일 수 있어 불허"한다고 밝혔다(http://goham20.tistory.com/2875). 참정권을 갖고 있는 유권자인 대학생의 정치 활동과 정당 가입을 가로막고 있는 규정을 보란듯이 내세운 대학 당국의 논리는 너무나 구시대적이다. 어쨌든 이런 상황에서 진보든 보수든, 물질주의든 탈물질주의든 대학생들의 정치활동과 노동운동의 참여에 차이가 없는 것은 어쩌면 당연한 결과일 수 있겠다.

제 5 장

G세대의
정치 효능감과 참여

G

G세대의 탄생 _ 그들의 가치와 이념, 참여에 대한 고찰

01

정치 효능감의 영향

일반적으로 정치사회적 참여에 영향을 미치는 변수로는 사회경제적 요인, 이념과 가치 요인, 그리고 정치적 효능감이 손 꼽혀 왔다.[1] 정치 효능감이 참여에 긍정적 영향을 미친다는 사실이 통설처럼 여겨지고 있지만 누가 또는 어떤 집단의 정치 효능감이 더 높은 지에 대해서는 의견이 다소 엇갈린다. 어떤 연구에서는 여성보다는 남성이, 다른 연령보다는 20대가, 학력이 높을수록 정치 효능감이 높게 나타난 반면 소득은 무관했다(가상준 2007, 120). 또 다른 연구에서는 연령과 학력이 높을수록, 사무직이나 자영업보다는 농림수산업에 종사하는 시민의 정치적 효능감이 높게 나타났다(김종욱 2010, 155). 대학생을 대상으로 한 배한동(2001, 45)의 연구에서는 광주·전남지역, 예체능계열, 저학년 대학생층에서 정치 효능감이 다소 높게 나타났다.

청소년을 대상으로 한 연구에서는 소외의 정치 정향이 나타났다. 정치 정향은 정치적 효능감과 정치 신뢰감의 두 변수를 교차시켜 얻은 정치 태도·인식을 총칭하는 개념인데, 〈그림 5-1〉에서 알 수 있듯이 4개의 유형으로 구분할 수 있다. 우리나라의 청소년들은 정치 효능감과 정치 신뢰감이 낮은 '소외'의 정치적 정향이 강하다(박정서 2012, 201). 구체적으로 청소년들은 외

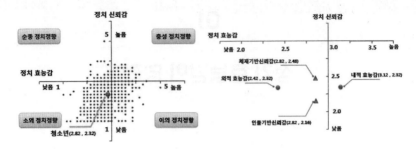

〈그림 5-1〉 우리나라 청소년의 정치 지향

적 효능감(2.42)이 내적 효능감(3.12)보다 상당히 낮은 상태로서, 개인이 정치를 이해하고 효율적으로 참여할 수 있다는 능력에 대한 믿음보다 이러한 개인의 요구와 참여에 정부와 정치인들이 응답하고 반응할 것이라는 믿음이 부족하다. 정치 신뢰감에서는 체제 신뢰감(2.48)보다 인물 신뢰감(2.16)이 매우 낮아, 정부의 운영과 제도와 같은 정치 체제보다는 정치인들에 대한 깊은 불신이 팽배하다고 할 수 있다. 박정서(2012)의 연구에서는 남학생의 효능감(3.21)이 여학생(3.05)보다 다소 높게 나타났다. 청소년뿐만 아니라 지역주민들에게도 '소외'의 정치적 정향이 두드러지게 나타나고 있다(박대식 1994; 박기관 2007). 그렇지만 1980년대 대학생들은 소외가 아니라 '이의'의 정치적 정향이 나타났다(최충규, 1983). 1990년과 1991년의 중·고등학생의 정치적 정향을 비교한 연구에서도 모두 정치 신뢰감은 낮고 정치 효능감이 높은 '이의'의 정치적 정향이 나타났다(윤용탁·모경환 1991). 그렇다면 G세대의 정치적 효능감은 어떻게 형성되고 있고, 이것이 정치적·사회적 참여에 미치는 영향은 무엇인지 살펴보자.

02

정치 효능감과
참여의 관계

1) 정치 효능감과 정치참여의 관계

〈표 5-1〉은 대학생의 정치 효능감이 '국회의원 선거'와 '대통령 선거' 투표행위에 미치는 영향을 분석한 이항로짓 분석표이다. 종속변수가 '국회의원 선거'인 경우에 통계적으로 유의미한 결과를 보이는 변수는 정치 효능감과 학년이었다. 즉 정치 효능감이 한 단위 증가할 때 '국회의원 선거' 투표에 참여할 승산(odds)은 약 1.674배 증가한다. 또한 학년이 한 단위 증가할 때 '국회의원 선거' 투표에 참여할 승산은 약 1.614배 증가한다. 따라서 국회의원 선거에 참여하는데 중요한 변수는 정치 효능감과 연령(학년)임을 확인할 수 있었다. 하지만 주관적 계층의식이나 지역효과, 가구소득, 성별효과는 통계적으로 유의미하지 않았다.

다음으로 종속변수가 '대통령 선거'일 경우를 살펴보면, 종속변수가 '국회의원 선거'일 경우와 유사한 결과를 보인다. 정치 효능감이 한 단위 증가할 때 투표에 참여할 승산은 약 2.014배 증가하고 학년이 한 단위 증가할 때 투표에 참여할 승산은 약 1.406배 증가한다. 이상 결과를 볼 때, 국회의원 선

〈표 5-1〉 정치 효능감이 정치참여(투표)에 미치는 영향

변수		국회의원선거			대통령 선거		
		오즈비	한계효과	표준오차	오즈비	한계효과	표준오차
독립 변수	정치 효능감	1.669**	0.068	(0.025)	1.999**	0.068	(0.022)
통제 변수 (SES)	성별(기준: 남성)	–	–	–	–	–	–
	여성	0.610	-0.069	(0.039)	0.744	-0.030	(0.033)
	전공(인문/사회/교육)	–	–	–	–	–	–
	자연/공학	0.747	-0.039	(0.035)	0.611	-0.047	(0.029)
	의학계열	1.269	0.027	(0.063)	(empty)		
	예체능	0.554	-0.086	(0.070)	0.533	-0.064	(0.057)
	학년	1.617***	0.064	(0.017)	1.417*	0.034	(0.015)
	가구소득(log)	0.945	-0.007	(0.011)	0.882	-0.012	(0.010)
	지역(서울/경기/인천)	–	–	–	–	–	–
	강원	0.547	-0.090	(0.083)	0.732	-0.038	(0.073)
	부산/대구/울산	0.834	-0.024	(0.040)	1.602	0.045	(0.034)
	전북/전남/광주	1.083	0.010	(0.051)	1.659	0.047	(0.044)
	충북/충남/대전/세종	0.879	-0.017	(0.047)	1.111	0.011	(0.042)
	주관적 계층의식	0.984	-0.002	(0.021)	1.087	0.008	(0.018)
수도 결정계수		0.058			0.067		
로그 가능성		-234.793			-178.474		
표본수		546			530		
Cragg & Uhler's 수정된 결정계수		0.086			0.092		
카이제곱 통계값		28.81(13)			25.57(12)		

주) 유의도: * p(.05; ** p(.01; *** p(.001

거와 대통령 선거에는 정치 효능감과 연령(학년)이 공통적으로 중요한 변인임을 알 수 있다.

〈표 5-2〉는 정치 효능감이 시민행동에 미치는 영향을 분석한 다중선형회귀모형이다. 통계적으로 유의미한 결과를 보인 변수는 정치 효능감, 이념성향, 전공, 출신지역이다. 자세히 살펴보면, 정치 효능감이 증가할수록 시민행동은 증가(p(.001)하며, 정치 이념이 진보적일수록 시민행동은 증가

(p<.001)한다. 통제변수에서는 자연/공학계열 전공학생에 비해 인문/사회/교육계열 학생이(p<.05), 서울/경기/인천 출신지역 학생에 비해 전북/전남/광주 출신지역 학생(p<.01)과 충북/충남/대전/세종 출신지역 학생(p<.05)이 시민행동에 적극적으로 참여하는 것으로 나타났다. 본 모형은 종속변수의 변

<표 5-2> 정치 효능감이 시민행동에 미치는 영향

변수		시민행동	
		비표준화 회귀계수	표준오차
독립변수	정치 효능감	0.136***	(0.028)
통제변수 (SES)	성별(기준: 남성)	–	–
	여성	0.056	(0.036)
	전공(기준: 인문/사회/교육)	–	–
	자연/공학	-0.086*	(0.037)
	의학계열	0.023	(0.070)
	예체능	-0.005	(0.062)
	학년	0.010	(0.016)
	가구소득(log)	0.009	(0.012)
	지역(서울/경기/인천)	–	–
	강원	0.067	(0.075)
	부산/대구/울산	0.061	(0.041)
	전북/전남/광주	0.148**	(0.055)
	충북/충남/대전/세종	0.108*	(0.050)
	제주도	0.175	(0.181)
	주관적 계층의식	0.004	(0.022)
상수		1.527(0.124)***	
표본수		700	
결정계수		0.107	
수정된 결정계수		0.089	

주) 유의도: * p<.05; ** p<.01; *** p<.001

이의 약 8.9%를 설명한다.

　본 연구에서는 정치 효능감이 정치참여 즉 투표를 비롯한 관례적 참여는 물론이고 시민행동과 같은 직접행동에도 긍정적 영향을 미치고 있음을 확인할 수 있었다. 〈표 5-3〉은 정치 효능감을 3개의 집단으로 범주화하여 정치참여에 미치는 효과를 분석한 결과를 보여주고 있다. 결과는 정치 효능감과 정치참여가 비례하는 것으로 나왔는데, 이는 기존의 결론들과 대체로 일치하는 것이다.

〈표 5-3〉 G세대의 정치 효능감 수준에 따른 투표참여와 시민행동

		G세대(2015)	
		투표참여	시민행동
정치 효능감	낮은 집단	-39.27	-16.53
	중간 집단	-2.22	-6.30
	높은 집단	22.92	38.20

　우선 외국의 사례 연구들은 정치 효능감이 정치 신뢰는 물론이고 정치참여와 정적 상관관계가 있는 것으로 확인되고 있다(Craig, Niemi, & Silver 1990). 우리나라의 연구 또한 대체로 이러한 결론을 지지하고 있다. 류태건은 총 21개의 논문을 33가지 유형의 연구방법으로 분류하였는데 정치 효능감이 항의활동과 투표참여에 영향이 없거나 부적 관계로 분석된 5개의 연구를 제외한 28개의 연구유형에서 모든 유형의 정치 효능감은 모든 유형의 정치참여와 정적인 상관관계 혹은 영향관계를 보였다. 대체적인 결론은 정치 효능감이 정치참여에 정적인 영향을 미친다는 것이었다(류태건 2011, 395-396). 대전 지역 주민을 대상으로 분석한 것으로는 내적·외적 정치 효능감이 투표참여에 정적인 영향을 미치는 것으로 나타난 연구결과가 있다(곽현

근, 2007; 장수찬, 2005).

이러한 결과는 대학생 집단을 대상으로 한 연구에서도 그대로 입증되었다. T값을 기초로 판단할 때 투표참여 변수는 효능감이 가장 많은 영향을 끼쳤다. 이어, 정치 관심도 정치행정조직의 신뢰도 순으로 나타났다(배한동 2001, 65). 서울, 수도권 및 지방의 대학생 221명을 대상으로 정치참여의 관계를 연구한 결과에 따르면 온라인과 오프라인 모두에서 정치 효능감이 높은 집단일수록 낮은 집단에 비해 참여 경험과 미래 참여의사가 높게 나타난 반면, 정치신뢰감은 실제 정치참여경험뿐만 아니라 미래 참여의사에도 영향을 주지 못하는 것으로 나타났다(하종원 2006, 383-390). 정치 효능감은 오프라인뿐만 아니라 온라인에서도 작동한다. 한 연구에 따르면, 사이버공간에서의 정치적 효능감이 높을수록 현실 정치참여 의향이 높아졌다(윤민재 2011).

하지만 정치 효능감이 어떠한 형태의 정치참여에 더 큰 영향을 끼치는지에 대해서는 다소 의견이 엇갈린다. 정치 효능감이 높은 집단은 투표참여 등 전통적인 참여방식에, 효능감이 낮은 집단은 급진적이고 변혁적인 방식에 호소하는 경향이 높다는 주장들이 흥미롭다(Bell 1964; Kornhauser 1959; Lipset 1960; Ransford 1968). 국내에서도 정치 효능감과 이념 성향, 시민적 의무감은 투표참여에만 유의미한 영향력을 행사하고, 비선거 참여에는 유의미한 영향력을 행사하지 못했다는 결과가 있다(김욱 2013).

하지만 본 연구의 결과는 정치 효능감이 투표참여는 물론이고 다양한 형태의 시민행동에의 관여 역시 높이는 것으로 나타났다. 안명규와 류정호(2007, 133)의 연구 또한 정치 효능감이 인지적 정치참여에는 상당히(t=3.10*), 행위적 정치참여에는 다른 변수들보다 제일 큰 영향(t=9.36**)을 미치는 것으로 나타났다. 왜냐하면, 정치적 효능감이 큰 이용자일수록 타인에 의해 제공된 정치정보를 소비하고 학습하는 것보다는 정치정보를 직접 생산하고 적극적으로 의견을 형성하는 등 실제적인 행위의 정치참여에 적극적이기 때문이다. 가상준(2007)의 연구 역시 투표참여는 물론이고 투표설득과 지지행동 등 정치활동의 경험과 정치 효능감이 정의 관계에 있음을 확인시켜 주었다.

2) 정치 효능감과 사회참여의 관계

〈표 5-4〉는 종속변수가 '시민단체 참여'와 '정치단체 참여'인 다중선형회귀 분석표이다. 종속변수가 '시민단체 참여'인 모형에서는 정치 효능감이 통계적으로 유의미했다. 즉 정치 효능감이 증가할수록 시민단체 참여는 적극적이다(p<.05). 하지만 종속변수가 '정치단체 참여'인 모형에서는 통계적으로 유의미한 변수들을 발견할 수 없었다. 해당 모형은 설명력이 상당히 낮기 때문에 적합한 모형이라고 볼 수는 없을 것이다. 따라서 차후 대학생의 사회단체 참여에 미치는 다른 요인들을 탐색하는 작업이 요청된다.

〈표 5-5〉는 정치 효능감을 3개의 집단으로 범주화하여 사회참여에 미치는 효과를 분석한 결과를 보여주고 있다. 정치참여와 마찬가지로 사회참여와 정치 효능감의 관계는 비례하는 것으로 나타났다. 일본을 대상으로 한 연구이지만 정치 효능감이 높은 사람일수록 정당 정치활동, 개인적 의견표명활동, 토의활동에 적극 참여하는 것으로 나타났다(김종욱 2010, 154). 이번 연구에서는 정치 효능감이 높은 집단일수록 사회참여에 적극적인데, 그 정도는 정치단체보다는 시민단체에서 확연한 것으로 나타났다.

〈표 5-4〉 정치 효능감이 사회참여에 미치는 영향

변수		시민단체 참여		정치단체 참여	
		비표준화 회귀계수	표준오차	비표준화 회귀계수	표준오차
독립변수	정치 효능감	0.035*	(0.017)	0.006	(0.014)
통제변수 (SES)	성별(기준: 남성)	–	–	–	–
	여성	-0.040	(0.021)	-0.015	(0.018)
	전공(기준: 인문/사회/교육)				
	자연/공학	0.001	(0.022)	0.025	(0.018)
	의학계열	0.001	(0.042)	0.004	(0.035)
	예체능	-0.013	(0.038)	0.054	(0.031)
	학년	0.001	(0.010)	0.005	(0.008)
	가구소득(log)	0.006	(0.007)	-0.009	(0.006)
	지역(기준: 서울/경기/인천)	–	–	–	–
	강원	0.005	(0.045)	0.030	(0.038)
	부산/대구/울산	-0.024	(0.025)	-0.029	(0.021)
	전북/전남/광주	-0.012	(0.033)	0.000	(0.027)
	충북/충남/대전/세종	-0.051	(0.030)	-0.025	(0.025)
	제주도	-0.125	(0.109)	-0.047	(0.091)
	주관적 계층의식	0.025	(0.013)	0.011	(0.011)
상수		0.981(0.075)***		0.982(0.062)***	
표본수		700		700	
결정계수		0.033		0.020	
수정된 결정계수		0.014		-0.00	

주) 유의도: * p⟨.05; ** p⟨.01; *** p⟨.001

〈표 5-5〉 정치 효능감과 사회참여의 관계

		사회참여				
		평균값	시민단체	자원봉사단체	친목단체	정치단체
정치 효능감	낮은 집단	-22.27	-16.89	-15.65	-17.49	-20.08
	중간 집단	-2.67	-4.13	-1.28	-1.37	-0.88
	높은 집단	20.50	26.73	11.23	12.26	10.35

03

—

소 결

정치 효능감,
어떻게 높일 것인가?

앞서 살펴보았듯이 효능감이 정치사회적 참여에 미치는 효과는 뚜렷하다. 정치 효능감이 투표참여와 같은 관례적 참여(쉬운 참여)는 물론이고 다양한 형태의 시민행동(어려운 참여)에의 관여 역시 높이는 것으로 나타났다. 또한 정치참여뿐만 아니라 정치 효능감이 높은 집단일수록 사회참여에 적극적이었는데, 그 정도는 정치단체보다는 시민단체에서 확연한 것으로 드러났다.

그렇다면 정치사회적 참여를 확대시키는 효능감을 제고하기 위한 방안은 무엇일까? 그것은 효능감의 두 가지 요소인 내적 효능감과 외적 효능감을 높이는 것이 해답이다. 먼저, 내적 효능감 즉 정치를 이해하고 효율적으로 참여할 수 있다는 자신의 능력에 대한 믿음을 강화하기 위해서는 대학생 집단의 민주시민으로서의 권능(empowerment)과 '승리한 역사'의 경험(performance)이 중요하다. 우리의 현대사에서 대학생 집단의 정치 효능감이 최고조에 이르렀던 시기는 4·19 직후였다.[2]

4·19 이후 처음으로 이 땅의 사람들은 자신들을 서구의 근대적 시민으로 묘사하기 시작하였고, 자신들의 행위를 시민혁명으로 호명하기 시작했

다. 특히 새로운 세상을 건설할 수 있겠다는 대학생들의 자신감은 전례를 찾기 어려울 정도로 충만하였다.

후세의 연구자가 4월혁명을 식민지 체제를 경험한 세계에서 가장 빠른 시기에 터져 나온 시민혁명이자 아시아 민주주의의 가능성을 증명한 기념비적 사건으로 기록하고(정근식·권형택 2010, 9), 당대의 참여자가 민중이 직접 권력에 불복함으로써 민주주의의 기본적 체험을 가졌고, 따라서 민중의 '자기 발견'을 통해 민주국가 건설의 주체임을 확인하게 되었다고 술회(이시재 1971, 322)하는 근거는 무엇일까. 그것은 무엇보다도 4·19가 동학농민전쟁이나 3·1운동, 8·15 해방이나 한국전쟁과는 달리 지금까지의 역사 중 처음으로 참여하였던 주체들의 승리로 기록되었기 때문이다. 그러나 그러한 높은 효능감은 5·16 쿠데타로 일순 역전되고 말았다. 이제 대학생들을 지배하는 것은 근대혁명의 주역과 전사로서 '시민'이 아니라 정치적으로나 윤리적으로 타락한 존재로서 자기 생활에만 안주하는, 그리하여 패배주의와 허무주의를 숙명으로 삼고 있는 '소시민' 의식이었다.

그렇다면 87년 6월항쟁은 어떠한가? 그것은 성공한 혁명의 역사를 구성하였는가? 그것은 절반의 성공과 절반의 패배로 기록될 미완의 시민혁명, 좋게 말하자면 현재까지도 진행되고 있는 다소 지루한 불완전한 민주주의(creeping democracy)를 낳았다. 그 근거는 첫째, 양김의 분열로 1987년 13대 대선에서 패배하여 신군부의 주역이었던 노태우 정부를 출현시켰고, 결국 이는 한국정치의 후진성을 낳은 패권적 지역주의와 3당 합당을 초래하였기 때문이다. 둘째, 다수제 민주주의에 해당하는 87년 체제는 효과적인 민주주의나 '성공한 정부'를 창출하지 못함으로써 변화를 바라는 진보-개혁 유권자들의 기대와 욕구를 충족시키지 못하고 있다.[3] 이번 대통령 탄핵과 대통령 선거 결과는 구조적 관점에서 시민들의 정치적 효능감에 어떤 영향을 미칠 것인가는 정치학의 영역에서 흥미로운 주제이다. 탄핵은 인용되었지만 새롭게 등장할 19대 정부가 결국 또 한 번 실패한 정부로 기록된다면 많은 시민들은 87년의 데자뷰를 경험하게 될 것이다. 그렇지 않고 대통령 탄핵이라는 미증유 사건을 낳은 시민들의 역량이 성공한 정부로 연결된다면, 스스로 무엇인가를 이루었다는 믿음이나 자신감은 확고한 시민문화로 정착될 것이다.

내적 효능감을 증대시키는 또 하나의 방법은 대학, 넓게는 청소년기의 민주시민교육과 교양교육의 강화이다. 정치참여 의식이 강한 대학생들은 누구인가? 수능성적이 뛰어난 그룹인가? 부모의 소득과 교육이 높은 금수저 집단인가? 아니면 소위 SKY로 명명되는 명문대학의 학생들인가? 이에 대해 믿을만한 가장 흥미로운 해답의 단서는 Ravitch & Joseph(2002)가 제공하고 있다. 〈표 5-6〉을 보면, 5가지 독립변수 중 정치사회적 참여에 영향을 미치는 것은 'SAT 어휘능력'뿐이다. 먼저, 교육의 질을 보자. 해마다 *U.S News and World Report*는 미국의 4년제 대학의 순위를 8개 등급으로 발표하고 있다. 하지만 대학의 순위는 대선에서 투표를 조금 더 하고, 정치적 영향력을 중요하다고 생각하는 정도에 있어서 미미한 차이가 있을 뿐 독립변수로서 별다른 영향을 미치지 못하고 있다. 또한 고등학교를 공립을 나왔는지 아니면 유명 사립을 나왔는지 역시 별로 영향을 미치지 못하고 있다. 결론적으로 교육의 제도적 질은 정치사회적 참여에 영향을 미치지 못하고 있다.

그렇다면 교육 성취도와 능력은 어떨까? 대학성적(GPA)은 정치사회적 참여에 아무런 역할도 하지 못한다는 사실이 명확하고 분명하다(Ravitch & Joseph 2002, 38). 눈 여겨 볼 것은 어휘능력은 참여에 긍정적이지만 수리능력은 그 반대효과(negative impact)를 낳았으며, 심지어 그 결과가 통계적으로도

<표 5-6> 정치적 참여에 영향을 미치는 능력 지표

		정치참여 척도	대통령 선거의 투표	정치적 설득	지역봉사 활동	어느 것이 더 중요?	
						정치적 영향력이 중요	재정적 성공이 중요
능력과 성취도	GPA	O	O	O	O	O	-
	SAT 어휘능력	++	++	++	+	O	-
	SAT 수리능력	-	O	-	O	-	O
교육의 질	학교 순위	O	+	O	O	+	O
	사학	O	O	O	O	+	O

* 출처: Ravitch & Joseph(2002), p.37과 39를 변형하여 작성함.

유의미한 정도였다는 점이다. 강력한 어휘 구사력을 갖고 있는 사람들은 사회정치적 문제들에 관심을 둘 것이며, 약한 사람들은 이러한 삶의 영역을 회피할 것이다. 반대로 강력한 수학적 소질을 갖고 있는 사람들은 시민적·정치적 영역에의 참여를 덜 할 것이라고 추정할 수 있다. 이러한 놀랄만한 발견이 갖는 함의는 심오한 것이다. 먼저, 참여를 결정짓는 것은 태도이지 지적 능력(intelligence) 그 자체가 아니라는 점이다. 보다 중요한 발견, 즉 왜 수리능력이 높은 사람의 정치참여가 저조할까라는 질문의 답은 정치란 언어 즉 설득과 말하기, 글 쓰는 의사소통의 게임이기 때문이다. 정리하자면, 잘 정렬된 대학에서의 교양교육과 민주시민교육은 학생들은 물론 시민들에게 참여와 토론의 장을 제공하고, 민주주의의 훈련장으로서의 기회를 부여할 것이다. 이러한 과정을 통해 좋은 시민의 핵심 요소인 정치참여와 시민참여의 중요성과 방식에 대해서 대학생이든 시민이든 충분한 이해와 인식을 공유할 수 있다.

　　마지막으로 시민들의 요구에 대해 정부와 정당이 응답할 것이라는 믿

<표 5-7> 비례와 지역의원의 연령별 현황

		30대	40대	50대	60대	70대
13 대	비례	1 (1.4%)	16 (21.6%)	29 (39.2%)	26 (35.1%)	2 (2.7%)
	여당	0	8	12	7	1
	야당	1	8	17	19	1
	지역(224)	11	81	109	23(60 이상)	
14	전체	1 (1.6%)	14 (21.9%)	33 (51.6%)	14 (21.9%)	2 (3.1%)
	여당	0	5	15	7	0
	야당	1	9	18	7	2
	지역(237)	7	52	145	33(60 이상)	
15	전체	3 (5.7%)	5 (9.4%)	23 (43.4%)	16 (30.2%)	6 (11.3%)
	여당	2	2	10	6	1
	야당	1	3	13	10	5
	지역(253)	7	54	142	50(60 이상)	
16	전체	2 (3.2%)	12 (19.0%)	22 (34.9%)	22 (34.9%)	5 (7.9%)
	여당	0	5	7	7	2
	야당	2	7	15	15	3
	지역(227)	13	60	87	67(60 이상)	
17	전체	0	20 (35.1%)	24 (42.1%)	13 (22.8%)	0
	여당	0	7	7	5	0
	야당	0	13	17	8	0
	지역(243)	23	84	97	39(60 이상)	
18	전체	3 (5.6%)	9 (16.7%)	24 (44.4%)	17 (31.5%)	1 (1.9%)
	여당	1	5	16	8	0
	야당	2	4	8	7	1
	지역(245)	4	76	119	40	6
19	전체	5 (9.4%)	12 (22.6%)	25 (47.2%)	11 (20.8%)	0
	여당	2	3	14	8	0
	야당	3	9	11	3	0
	지역(246)	3	66	118	59	0
합 계	비례(418)	15 (3.6%)	88 (21.1%)	180 (43.1%)	119 (28.5%)	16 (3.8%)
	지역(1675)	68 (4.1%)	473 (28.2%)	817 (48.8%)	317 (18.9%)	

음인 외적 효능감을 제고하는 방안을 제시하고자 한다. 이를 타개할 수 있는 지름길은 정부의 정책과 정당의 정치 영역에서 청년의 대표성을 확장하는 것이다. 〈표 5-7〉에서 알 수 있는 것처럼, 19대 선거의 경우 20대와 30대 유권자는 전체의 3분의 1이 넘지만(37.1%) 비례의 3.6%와 지역 국회의원의 4.1%만을 차지할 뿐이다. 이러한 연령별 불일치 현상은 최근에까지 이어지고 있다.

한 조사에 따르면, 지난 19대 총선(2012)의 경우 19세를 포함한 20대 유권자 비율은 18.4%이지만 당선자가 한명도 없고, 유권자의 20.5%를 차지하는 30대 역시 당선자는 고작 9명(3%) 뿐이었다. 반면, 50대 당선자는 절반에 육박하는 142명(47.3%)으로 유권자 비율(18.9%)의 2.5배에 달했다(http://www.pressian.com/news/article.html?no=126395). 높은 연령 변수가 정치충원의 폐쇄성과 보수성을 반영하는 일반적인 지표(박재창 2003, 70)로 인식된다는 사실을 고려한다면, 비례대표를 청년과 학생 등 보다 젊은 층을 대변할 수 있는 창구로 활용하는 것이 바람직하다. 또한, 대학생들의 정당가입과 정치 활동을 금지하고 있는 구시대적인 대학 학칙을 폐지하고, 이를 적극 권장하는 방향으로 개정해야 한다. 아울러, OECD 국가 중에서 가장 엄격하게 선거 연령을 제한하고 있다는 지적을 받아들여 선거권을 만 18세로 낮추는 것이 시급하다. 이미 아리스토텔레스가 말했듯이 좋은 시민을 만드는 것은 공동체의 책무이다.

제 6 장

종교와 신뢰,
그리고 참여

G세대의 탄생 _ 그들의 가치와 이념, 참여에 대한 고찰

01

종교를 믿는 대학생들이 더 좋은 이웃인가[1]

퍼트넘과 캠벨은 종교적인 미국인들이 더 친절하고 관대하며, 시민의식을 갖춘 좋은 시민이자 선한 이웃이라고 강조하였다(퍼트넘·캠벨 2013). 퍼트넘과 캠벨은 종교인들의 우위(religious edge)를 다음의 네 가지 참여 차원에서 논증하였다.

첫째, 종교인들은 적극적으로 자원봉사를 하고 있는 '관대한' 좋은 시민이다. 그들에 따르면 종교인들은 그렇지 않은 사람들보다 두 배 내지 세 배이상의 자원봉사를 하고 있다. 또한, 종교인들은 종교조직을 위해서와 마찬가지로 세속적인 조직을 위해서도 일반인보다 더 많은 자원봉사를 하고 있다. 또한 자원봉사의 빈도는 종교성이 높아질수록 증대하는 경향이 있다. 둘째, 종교인들은 일반 시민보다 더 많이 기부하는 '관대한 이웃'들이다. 가장 세속적인 표본 5분위의 1년 자선 기부금은 평균 약 1,000달러 정도인데, 가장 종교적인 표본 5분위는 무려 3배가 많은 3,000달러에 달한다. 다른 조건이 같다면, 교회에 전혀 출석하지 않는 미국인이 세속적인 조직 등에 기부할 가능성은 60%인 반면 매주 교회에 참석하는 사람의 가능성은 81%에 이른다(퍼트넘·캠벨 2013, 540-545). 셋째, 종교적인 미국인들은 보다 활동적인 시민들이다. 사실 그들은 세속적인 미국인들보다 두 배에 이를 정도로 다양한 결사체에 참여하고 있다. 넷째, 종교적인 미국인들은 사람을 더 신뢰하고 신뢰도 더 받는 선한 이웃들이다. 대부분의 미국인들은 그들의 종교성의 정도가 어떻든 간에 종교적인 사람들을 선호하는 '신뢰의 편견'을 갖고 있다. 또한 종교적인 미국인들은 인종·종교에 상관없이 세속적인 미국인보다 훨씬 더 높은 신뢰를 표현한다.

이런 이유에서 종교인들이 더 좋은 이웃이고, 그렇기 때문에 미국이라는 분열된 집안이 축복받은 공동체(American Grace!)로 인도될 수 있다는 그들의 주장은 우리에게도 적지 않은 지적 자극과 정치적 함의를 던져주고 있다. 왜냐하면 우리 사회 역시 종교가 지역, 계급, 세대와 같은 강도는 아니지만 이념보다 더 큰 영향력을 발휘하는 갈등과 균열의 주요한 요인으로 작용하고 있기 때문이다(박병진·김병수 2013, 248). 상황이 그러함에도, '종교집단', 특히 대학생의 신뢰와 참여의 상관관계를 분석한 체계적인 연구는 매우 빈약하다. 가장 대표적으로 어수영(1992; 1999; 2004)의 대학생의 의식과 민주화의 관계를 지난 20년 동안 추적해 온 연구가 있으며 학원복음화협의회(2006; 2009; 2012)에서도 지난 10년 동안 대학생의 의식과 생활에 대한 시계열적 조사를 수행하여 왔다. 그렇지만 두 조사 모두 의식과 가치에만 초점을 맞추었지, 그것이 정치참여와 사회참여에 미친 영향을 분석한 것은 아니었다. 또한 전자는 대학생 집단보다는 전 세대를 아우른 것이었고, 후자는 개신교와 비개신교라는 대학생 집단 내부의 종교적 변인에 초점을 맞춘 것이었다. 배한동(2001)의 연구는 전국의 대학생 집단을 다루었다는 점에서 본 연구와 밀접한 연관성이 있지만 그의 연구는 통일·대북의식과 민주시민의식 등 대학생의 정치의식에 한정하였다는 점에서 본 연구와는 근본적 차이가 있다.

이처럼 우리나라에서 대학생, 그것도 종교를 기준으로 그들의 정치사회적 참여와 신뢰에 대한 체계적인 연구는 거의 없었다 해도 과언이 아니다. 본 연구의 목적은 퍼트넘·캠벨의 테제가 우리나라의 대학생 집단에게도 유효한지를 살펴보는 것이다. 하지만 사회자본론의 연장선에 있는 그의 연구는 신뢰와 사회참여(기부와 자원봉사, 그리고 결사체 활동)에 대한 관심에 비해 정치참여는 소홀히 하였다. 본 연구는 투표와 시민행동 등 정치참여 역시 시대를 불문한 가장 중요한 시민의 덕목이자 시민성(citizenship)의 지표라는 생각으로 이를 포함하였다.

정리하자면 본 연구는 대학생 집단의 종교와 종교성을 판별한 후 그것이 신뢰 및 참여에 미치는 영향을 살펴볼 것이다. 이를 통하여 한국의 종교를 가진 대학생 집단과 그렇지 않은 집단의 차이점을 파악하고, 그들 중 누가 더 좋은 시민이자 선한 이웃인지를 판별해 볼 것이다.

02

종교와 참여의 관계

1) 종교와 신뢰

　종교적인 사람들은 모든 사람들을 더 많이 신뢰하고 있으며 자기 스스로를 더 신뢰한다는 퍼트넘·캠벨(2013)의 주장은 학계에서 다양한 논란을 불러왔다. 같은 맥락에서 적지 않은 연구자들이 퍼트넘의 이론, 특히 '접합하고 연결하는 사회적 자본'을 생성하는 회중(Congregation)의 역할에 주목하여 왔다. 사회적 네트워크의 일환으로서 회중은 사회적 신뢰를 증대시키고 시민참여와 결사체의 개방성을 높인다(Prouteau and Sardinha 2015; Paxton et al. 2014). 또 다른 국가별 비교연구에서도 종교적인 사회적 네트워크의 관여는 정치 관심과 제도 신뢰를 증진시킴으로써 민주주의에 친화적인 태도를 가져옴을 밝혀냈다. 비록 종교적 신념이 가치에 미치는 효과가 더욱 강력하지만, 종교성은 사회적 자본을 매개로 정치 관심과 제도 신뢰를 증진시키는 분명한 효과를 낳는다(Bloom and Arikan 2012, 395).

　흥미로운 점은 우리나라에서 종교와 신뢰의 관계에 대한 연구는 연구자와 연구 대상, 시기와 분석 방법에 따라 서로 대립되는 결과와 상이한 해석을 내 놓고 있다는 점이다. 먼저, 종교집단이 그렇지 않은 집단에 비해 신뢰가 높다는 퍼트넘의 가설을 뒷받침하는 연구도 다수 존재한다. 초월적 존재를 믿는 종교인들이 일반적으로 신뢰의 규범을 중시하기 때문에 비종교인들에 비해 정부에 대한 높은 신뢰 수준을 나타낸다(이숙종·유희정 2010, 287-313). 또 다른 연구 역시 개신교인이 비종교인보다 신뢰를 더 높게 인식했고, 세대가 높아질수록 그 정도가 높게 나타났다. 또한 개신교인의 경우에 한해서 종교성이 일반적 신뢰에 통계적으로 유의미한 영향을 미쳤다(박준성·박은미·정태연, 2009, 183-185). 이수인(2013)의 경험적 연구 역시 무종교 집단보다 종교 집단이 정부와 대통령에 대한 제도 신뢰가 높음을 보여주었다.

하지만 이에 반하는 연구 또한 적지 않다. 본 연구의 주제와 방법론에 있어서 가장 연관성이 높은 연구인 송재룡·조광덕(2015)의 결론은 "사회신뢰에 대한 종교성의 영향력은 통계적으로 유의미하지 않다"는 것이다. 그들은 그 까닭을 한국 사회 전반의 낮은 신뢰성 수준에서 찾고 있다. 이러한 사회구조적 상황에서 종교가 호혜적 신뢰 규범을 증진하고 사회정치적 참여의 동기를 추동하는 힘을 낳기에는 한계가 있을 것이라는 추론이다(송재룡·조광덕 2015, 33). 장형철(2013)의 연구에서도 개신교도들의 사회적 신뢰도는 그다지 높지 않다. 정확히 표현하자면, 2008년에서 2010년까지 매년 실시한 한국기독교윤리실천운동(기윤실)의 조사에 의하면 개신교의 사회적 신뢰도는 정체 또는 하락하고 있다. 그런데 〈표 6-1〉에서 보는 바와 같이 개신교인의 자신의 종교에 대한 신뢰도는 사회전체의 신뢰도보다 상당히 높은 편이다(59%). 그러나 이러한 개신교 내에서의 높은 신뢰도는 '우리들 안에서만'이라는 일종의 사적인 신뢰에 머물고 있다. 특히 비종교인들의 신뢰도(7.6%)와 개신교인들의 신뢰도(59%)의 격차는 인상적이다(장형철 2013, 87-88).

	신뢰한다 (매우＋약간)	보통	신뢰하지 않는다 (별로＋전혀)	모름/무응답
전체	17.6	33.8	48.4	0.2
개신교	59.0	23.8	16.8	0.4
가톨릭교	10.7	45.3	44.0	0.0
불교	8.8	30.2	60.3	0.7
기타	0.0	48.1	51.9	0.0
종교없음	7.6	36.5	55.9	0.0

출처: 장형철(2013).

또 다른 연구로 박종민과 배정현(2008)의 연구에서는 우리나라에서의 단체 가입이 신뢰와 참여에 미치는 영향을 조사하였다. 그 결과, 〈표 6-2〉를 보면 전반적으로 단체참여가 사회신뢰에 긍정적인 영향을 주는 단체는 거의 없었다. 오히려 일부단체에서는 일반 사람이나 이웃에 대한 신뢰에 영향, 그것도 긍정적인 영향보다는 부정적인 영향을 줄 뿐이었다. 17개 단체 중 여기에 해당하는 단체가 바로 종교단체였다. 따라서 필자들은 대부분의 경우 단체참여가 정치활동을 제외하고 사회신뢰나 시민덕목과 유의미한 관계가 없거나 있어도 미미하다는 것은 '한국에서 단체들이 민주주의의 학교로서 제한적 역할만을 수행'하고 있다는 결론을 내렸다.

〈표 6-2〉 종교단체 가입의 효과

	사회신뢰			시민덕목			시민참여	
	이웃	일반사람	낯선사람	관용성	준법성	다양성	사회봉사	정치참여
종교단체	ns	-0.63*	ns	ns	ns	ns	.141***	.070***

출처: 박종민·배정현(2008).
주) 'ns'는 효과 없음을 의미함.

일반적으로 신뢰는 대인신뢰와 제도신뢰로 구분된다. 대인신뢰는 다양한 사람들에 대한 신뢰이고 제도신뢰는 집단, 절차나 규범 혹은 체제에 대한 신뢰를 말한다. 대인신뢰는 다시 자신이 잘 알고 지내는 사람들에 대한 신뢰인 특수신뢰와 그렇지 않은 사람들에게 확대된 일반신뢰로 세분할 수 있다. 한편 제도신뢰는 정치공동체, 체제, 집단, 절차 및 역할에 대한 5가지 신뢰유형으로 구분할 수 있다(류태건·차재권 2014, 176-177).

본 연구에서는 세계가치조사의 용례에 따라 신뢰를 대인신뢰, 정부신뢰와 사회신뢰로 세분하였다. 정부신뢰는 단순히 행정부를 넘어 입법·사법·행정·군대를 아우르는 국가의 포괄적 개념을 지칭한다. 정부의 신뢰 차원에는 정부가 얼마나 정직하고 깨끗한가의 도덕적 태도 또는 윤리적 차원과 정부의 실행능력과 같은 기술적 능력 차원의 신뢰가 존재한다. 한편 사회신뢰는 국가로부터 독립적이고 자율적인 시민사회의 제반 조직들에 대한 신뢰를 뜻한다.

2) 종교와 참여

(1) 사회참여

다원주의가 확립된 미국의 연구풍토에서는 대표적 집단인 종교가 사회참여를 증진시킨다는 주장에는 별 다른 이론이 없다. 인종과 계층 등 세부요인을 차지한다면, 교회는 정치적·사회적 행동주의의 플랫폼이자 자발적 결사체와의 연대를 포함하여 공식적·비공식적 사회적 기회의 출구(gateway)이다(Musick, Wilson and Bynum, 2000 1545). 종교, 특히 예배 출석(churchgoing)은 자원봉사를 증대시킨다(Ruiter and De Graaf 2006, Tienen et al. 2011, 365-389). 일반적으로 종교성은 자원봉사의 기회를 높이는데, 타인을 돕는 것의 중요성은 종교인들 사이에 더 일반적이며, 이러한 가치 선호가 자원봉사와 잘 양립된다. 나아가 이른 종교적 사회화, 부모의 종교적 출석은 자원봉사에 긍정적 효과를 미친다(Wilson and Janoski 1995, 88-90).

하지만 종교가 자원봉사를 증진시키는 구체적인 매개 고리와 종파의 작용에 대해서는 의견이 엇갈린다. 먼저, 왜 종교인이 더 많은 자원봉사를 하는가의 질문에 종교적 신념이나 규범 등 개인의 종교성을 강조하는 입장이 있다. '자원봉사에 대한 도덕적 규범이론'(Son and Wilson 2011, 644-667)은 타인을 돕는 것은 도덕적 의무이자 사회규범에 복무하는 것으로 이해한다. 즉 그것은 이타적 의무가 아니라 종교인으로서의 신앙의 실천이자 시민적 의무라 할 수 있다. 경험적인 사례 연구는 다소 차이가 있다. 개인적 신앙심이 높은 집단이 자원봉사에 열성적(Paxton et, 2014, 597-625)이며, 국가 수준에서도 독실한 기독교 국가가 다른 종교 사례보다 훨씬 높다는 주장(Ruiter and De Graaf 2006)이 있다. 반면, 네덜란드(Tienen et, 2011)나 미국(Borgonovi 2008)의 경우 종교성과 자원 활동 사이에 어떤 일관된 연관성도 발견하지 못했다. 27개 EU 국가를 사례로 한 다른 연구에서는 오히려 양자 사이에 부(-)의 관계가 발견되었으며, 누군가가 열렬한 기도자라면 그는 세속적 자원봉사보다는 종교적 자원봉사에만 한정하여 관여할 가능성이 크다는 흥미로운 결론이 제시되었다(Prouteau and Sardinha 2015, 242-266).

근래에 더 많은 지지자를 확보하고 있는 것은 개인적이든 집단적이든 신앙이나 종교성 그 자체보다는 연결하고 접속하는 네트워크의 효과이다. 사실 미국에서 그 뿌리는 넓고 깊다. 거기에서 결사체, 특히 교회는 낮은 참여수준을 낳는 단순 출석의 시민 관여를 참여의 다양한 기술을 제공하는 높은 수준의 참여로 인도하는 시민자원(civic voluntarism) 모델의 모태였다. 퍼트넘·캠벨(2013)은 미국에서 인종적 극단주의와 종교적 다원주의의 공존을 가능하게 만든 마법의 열쇠를 사회연결망에서 찾아냈다. 그들에 따르면 교회출석이 갖는 명백한 효과는 종교에 바탕을 둔 사회연결망의 결과라는 것이다. 즉 사회연결망 지수(교회에서 가까운 친구의 수, 교회 소집단에의 참여, 가족이나 친구와 나누는 종교에 대한 대화 빈도)가 높을수록 사회참여가 높게 나타났다. 주목할 것은 "통계분석이 보여주는 것은 종교성이 좋은 이웃관계에 아무런 영향을 미치지 않는다는 것이 아니라 그 영향력이 거의 전적으로 종교 사회연결망을 통해 나타난다는 것"이다. 그들은 거듭 '종교적 우위와 관련하여 중요한 것은 믿는 것이 아니라 어디에 소속되는 것'임을 강조하고 있다(퍼트넘·캠벨 2013, 569).[2]

하지만 사회참여에 미치는 종파의 효과에 대해서는 의견이 분분하다. 미국과 유럽의 개신교들은 가톨릭보다 더 많은 자선활동이나 다른 사회 서비스 활동에 관여한다. 그 패턴은 개신교〉가톨릭〉그리스 정교의 순으로 나타났다(Ruiter and De Graaf 2006; Prouteau and Sardinha 2015). 하지만 또 다른 연구에서는 미국의 교회에 정기적으로 가는 보수적 개신교도들은 세속적 자원봉사보다는 종교적인 자원봉사에 열중할 뿐이며, 가톨릭이 개신교보다 더 많은 기부와 자원봉사를 하고 있다고 보고하였다(Wilson and Janoski 1995, 137-152). 이와는 달리 일군의 학자들은 종교성이 종교적 기부에는 영향을 미치지만(기독교〉가톨릭) 세속적 기부에는 별다른 영향을 못 미치고 있다고 보았다(Eger, McDonald, and Wilsker 2015; Borgonov, 2008; Park & Smith 2000).

국내 연구들 또한 종교가 사회참여의 유발 효과를 갖고 있다는 의견이 다수이다. 종교를 가지고 있는 대학생들은 그렇지 않은 대학생들에 비해 자원봉사의 주요 동기유발 요인인 사회적 책임감과 경험추구의 동기가 높게 나타났다(이형탁·김문섭·이호택 2013, 121-140). 비신앙인에 비해 개신교와 가톨릭 신앙인은 더 큰 규모의 기부를 행하는 경향이 있으며, 동시에 개신교와 가톨릭의 종교적 배경과 종교성이 기부의 절대적 규모에 정적인 방향에서 결합적 효과를 갖는다(강철희·허영혜·최영훈 2013). 또 다른 연구는 자원봉사 참여 여부가 남성보다는 여성이, 연령이 적을수록, 학력과 소득이 높을수록, 경제활동을 안 할수록, 중소도시에 거주할수록, 가족구성원과 가입·활동 단체가 많을수록, '종교 활동' 및 기부 활동을 하는 경우 높게 나타났다(이용관 2015, 295). 최은숙·이석호(2011)의 연구는 종교의 참여 제고 기능에 가장 적극적 결과를 제시한다. 결사체 참여와 기부의 상관관계는 종교적 결사체 참여수준이 가장 높게 나타났으며, 그 다음으로 정치적 결사체, 공익적 결사체 순으로 나타났다. 자원봉사 역시 종교적 결사체 참여수준이 가장 높게 나타났으며, 그 다음으로 공익적 결사체, 정치적 결사체의 순이었다.

이 밖에도 종교인들은 비종교인에 비해 봉사와 기부에 적극적으로 참여한다는 연구들은 많이 있다(볼런티어21 1999; 2002; 2005; 2008). 아름다운재단(2008)에 따르면 자원봉사 참여비율은 비종교인이 10.6%인 반면 종교인은 18.3%였고, 자원봉사 참여시간은 비종교인이 평균 31.0시간인데 반해 종교인은 평균 63.7시간이었다(강철희 2009, 121에서 재인용). 박준성·정태연(2011)의 연구에서도 종교인의 봉사활동은 비종교인보다 높은 것으로 나타났다.

하지만 외국과 마찬가지로 어떤 종교가 자원봉사와 기부에 더 열심인지는 연구마다 상이하다. 정덕기(2001)는 자원봉사에 대한 참여비율은 개신교가 43.5%로 가톨릭(19.5%)이나 불교(11.3%)보다 월등히 높다고 주장했지만 강철희(2009)의 연구에서 자원봉사 참여시간은 가톨릭(28.04시간)이 개신교(9.25시간)나 불교(9.07시간)보다 높게 나타났다.

이처럼 서구에서는 종교인의 사회참여는 그렇지 않은 집단보다 보다 적극적이라는 것이 다수이지만 우리의 경우는 이견이 맞서고 있으며, 종파 및 사회참여 유형에 대해서는 국내외 모두 합의된 다수설이 부재한 형편이다. 우리나라에서의 사정을 보다 구체적으로 확인하기 위해, 본 연구에서는 사회참여를 결사체의 가입 빈도 및 유형을 통해 살펴볼 것이다. 결사체의 유형은 시민단체와 자원봉사단체, 정치단체로 나누었다. 시민단체는 비정부(NGO)·비영리(NPO) 기구로서 주창(advocacy)과 사회서비스(social service) 등 공익 활동에 주력하는 단체를 뜻한다. 자원봉사단체를 단일 범주로 설정한 까닭은 최근 많은 대학에서 자원봉사 또는 사회봉사를 교양필수 또는 졸업인증으로 설정하고 있는 추세가 지속되고 있기 때문이다. 끝으로 정치단체는 정당이나 노동단체 등 당파적(partisan) 정체성에 기초해 활동하는 단체를 일컫는 것이다. 종교의 영역에서 사회참여의 대표적인 방식인 기부는 연구대상이 정기적이고 독립적인 소득이 없는 대학생집단이라 조사문항에서 제외하였다.

(2) 정치참여

종교와 정치참여는 정치학의 영역에서 오래된 주제이지만 특히 미국에서 네오콘(Neo-con)의 등장 이후 새로운 주목을 받게 되었다. 레이건 행정부 이후 미국에서 기독교 복음주의파가 이끄는 도덕적 다수파(Moral Majority) 운동은 낙태와 공립학교의 기도 시간, 여성의 권리와 동성애자의 권리 같은 사회문제에 대해 강경노선의 기독교 대변자로서 급속하게 부상했다. 이는 레이건 집권 이후 가장 강력한 기독교단체인 로버트슨(Pat Robertson) 목사의 기독교연합으로 발전한다(미클레스웨이트·울리드리 2005, 119-121). 실제로 2000년 선거에서 기독교연합은 무려 7천만 부에 달하는 유권자 지침서(voter guides)를 발행하여 복음주의 유권자들에게 막강한 영향력을 행사하였다.[3]

개신교 근본주의와 네오콘의 다소 극성스럽고 적극적인 관계가 아니라도 종교와 정치참여에 대해서는 오랜 연구가 있어왔다. 최근 세계가치관조사(WVS) 자료에 기초한 노리스의 연구는 미국뿐만 아니라 유럽 사회들 모두 종교집단에 소속된 신앙인들의 활동이 사회 자본의 촉진은 물론 정치참여로 이어진다는 것이다(Norris 2013, 302-303). 비록 직접 연관된 것은 아니지만 회중은 교회에서 만들어진 비공식적 친구들을 통해 정치사회화가 발생되는 무대(setting)이며, 실제로 상당수 신자들의 정치적 동질화 경향이 줄곧 관찰되어 왔다(Campbell 2004; Wald et al. 1990). 종교의 정치참여 유발 효과는 앞서 설명한 기독교 복음주의 등 특정 종파에 한정된 것이 아니다. 일단의 연구자들은 흑인 개신교회와 가톨릭 신자들이 다른 교파보다 보다 정치적이며 독자적 방식의 정치활동에 관여하고 있음을 발견했다. 흑인 개신교도들은 보다 열성적으로 투표에 등록하며, 선거전단지를 배포하고, 특히 시민인권운동과 흑인 신도 사이의 연계는 매우 강력하다(Calhoun 2000; Liu and Orey 2009). 또한 가톨릭신도들은 선출직 로비에 적극적이며 시위와 행진에도 더 적극적이고 낙태와 같은 핵심 이슈에 민감한 편이다(O'Connor and Berkman 1995).

하지만 최근에는 종교의 정치참여 제고 기능이 과장되었거나 그 흐름이 역전되었다는 주장도 제기되고 있다. 1,200개의 회중에 대한 경험적 연구는 오랫동안의 고정관념과 달리 대부분의 회중에게 있어 정치활동은 주변적인 활동임을 밝혔다(Chaves 2004). 또 다른 비교 연구 역시 정치사회적 이슈나 연계 이슈에서 매우 적극적이었던 그룹들은 한때 보다 높은 교육수준을 갖고 있는 주류(Mainline) 개신교의 대형교단에 속했지만, 재정적 또는 인적 자원의 감소와 사회적 여론악화로 그 수와 영향력이 급격히 감소하고 있다고 진단했다(Putnam and Campbell 2013). 대신 정치적 활동이 아니라 사회 서비스와 지역협력에 치중하는, 즉 일차적으로 사회서비스를 통해 기본 욕구를 충족시키는 사회구제 유형이 증가하고 있다(Todd and Houston 2013, 433).

아쉽게도 '종교적인 대학생 집단'의 정치참여를 다룬 국내 연구들은 없다고 해도 과언이 아니다. 다행히 최근에 종교와 정치의 관계를 다룬 연구들이 증가하고 있지만 대부분은 종교인 일반보다는 종교지도자나 정의구현사제단이나 한국기독교총연합과 같은 특정 종파 세력을 대상으로 하였다(강인철 1996; 김성건 2010; 전명수 2013; 2014). 예를 들어 전명수(2014)는 종교 지도자들의 직접적인 정치참여의 행태를 군사정권 시절의 국가조찬기도회를 통해 분석하였다. 그는 국가조찬기도회에 참석하였던 성직자들의 교단 소속 및 신학, 기도 메시지 그리고 그들이 정권으로부터 받은 혜택을 파악함으로써 기도회 이면의 정치경제적 유인 기제를 설명하였다. 다양한 민주화운동이 진보적 종교진영의 정치적 참여 경로였다면, 조찬기도회는 보수파 종교진영의 정치참여 경로였다(이진구 2008). 비록 대학생 집단이 아닌 일반 시민을 대상으로 한 것이지만 송재룡·조광덕(2015, 33)의 연구에서는 종교성 변인이 사회정치적 활동참여에 어느 정도 통계적으로 유의미한 영향을 미쳤지만, 그 정도는 아주 미약한 것으로 나타났다. 이미 앞서 설명한 것처럼, 비록 종교단체의 가입이 신뢰에는 별다른 영향을 못 미쳤지만, 종교단체를 포함한 대부분의 단체 가입은 정치참여에 매우 강한 긍정적 관계(94%)를 보였다(박종민·배정현 2008, 140).

본 연구에서는 정치참여를 투표참여와 시민행동으로 구분하여 살펴보고자 한다. 투표참여는 쉬운 참여에 해당하며, 법정 선거 기한에 국한된 유권자의 참정권 행사를 뜻한다. 반면 시민행동은 선거와 일상 시기를 모두 포괄하는 시민들의 직접행동을 뜻하며 어려운 참여에 해당한다.

03

분석틀 및 측정

1) 연구모형 및 가설 설정

　본 연구모형은 기본적으로 종교의 유형에 따라 신뢰와 참여에 어떤 차이가 있는지를 탐색적인 수준에서 살펴보고자 한다. 구체적으로 불교, 개신교, 천주교, 기타 종교, 무교를 표명한 대학생별로 3가지 신뢰유형의 정도 차이를 살펴보고, 각 투표참여와 시민행동, 그리고 시민단체 참여, 자원봉사 참여, 정치단체 참여의 정도 차이를 살펴볼 것이다. 분석방법은 변량분석(analysis of variance, ANOVA)과 교차분석을 실시하였으며 통계적으로 유의미한 결과가 나온 경우에는 종교성을 추가하여 공분산분석(Analysis of Covarinace, ANCOVA)을 실시하였다. 추가된 공분산분석은 종교의 유형에 의해 발생한 영향이 종교성을 추가할 경우에 통계적 유의미함이 유지되는지 관찰하는데 그 목적이 있다. 본 연구에서 경험적 분석을 통해 검증하고자 하는 가설은 다음과 같이 종교와 종교성의 긍정적 효과가 한국사회의 대학생에도 나타난다고 가정하였다.

가설 1: 종교별로 대인 신뢰의 차이를 나타낼 것이다. 종교를 가진 대학생들이 그렇지 않은 대학생보다 대인신뢰가 높을 것이다.

가설 2: 종교별로 정부 신뢰의 차이를 나타낼 것이다. 종교를 가진 대학생들이 그렇지 않은 대학생보다 정부 신뢰가 높을 것이다.

가설 3: 종교별로 사회 신뢰의 차이를 나타낼 것이다. 종교를 가진 대학생들이 그렇지 않은 대학생보다 사회 신뢰가 높을 것이다.

가설 4: 종교별로 투표참여의 차이를 나타낼 것이다. 종교를 가진 대학생들이 그렇지 않은 대학생보다 투표에 적극적으로 참여할 것이다.

가설 5: 종교별로 시민행동의 차이를 나타낼 것이다. 종교를 가진 대학생들이 그렇지 않은 대학생보다 시민행동에 적극적일 것이다.

가설 6: 종교별로 시민단체의 참여 정도의 차이를 나타낼 것이다. 종교를 가진 대학생들이 그렇지 않은 대학생보다 시민단체의 참여에 적극적일 것이다.

가설 7: 종교별로 자원봉사단체의 참여정도의 차이를 나타낼 것이다. 종교를 가진 대학생들이 그렇지 않은 대학생보다 자원봉사단체의 참여에 적극적일 것이다.

가설 8: 종교별로 정치단체의 참여정도의 차이를 나타낼 것이다. 종교를 가진 대학생들이 그렇지 않은 대학생보다 정치단체의 참여에 적극적일 것이다.

2) 변수 및 측정

본 연구의 목적은 해당 연구가설을 실증적으로 분석하고 종교와 종교성이 신뢰와 참여에 관한 의미를 찾아보는 것이다. 본 연구에서 사용된 자세한 변인의 측정 항목과 변수별 문항을 〈표 6-3〉에 제시하였다.

〈표 6-3〉 변수별 설문문항

변수		설문문항
종교 및 종교성	종교유형	1) 불교 2) 개신교 3)천주교 4) 없음
	종교예식 참석빈도	1) 일주일에 한번 이상 2) 일주일에 한 번 3) 한 달에 한 번 4) 특별한 종교상의 축일에만 5) 일 년에 한 번 6) 거의 참석하지 않는다 7) 한 번도 참석한 적이 없다
신뢰	대인신뢰	1) 대부분 믿을 수 있다 2) 조심해야 한다
	정부신뢰	1) 중앙정부 2) 국회 3) 공무원 4) 군대 5) 경찰 6) 법원
	사회신뢰	1) 종교 2) 신문 3)언론 4)대학 5) 노동조합 6) 기업 7) 은행 8) 시민단체
정치 참여	투표 참여	2014년 지방선거 1) 투표했다 2) 투표하지 않았다 3) 투표권 없었다
		2012년 총선 1) 투표했다 2) 투표하지 않았다 3) 투표권 없었다
		2012년 대선 1) 투표했다 2) 투표하지 않았다 3) 투표권 없었다
	시민행동	탄원서·진정서·청원서에 서명
		보이콧(불매 구독거부 운동)에 참여
		평화적 시위나 (촛불) 집회에 참여
		정치후원금 기부나 선거운동 참여
		파업·점거농성에 참여
사회 참여	시민단체	환경보호 단체
		시민운동단체(인권, 권력감시, 여성 등)
		자선 및 인도주의 단체
		소비자 보호 단체
	자원봉사단체	자원봉사단체
	정치단체	노동단체
		정당

(1) 종교 및 종교성

종교 변인은 불교, 개신교, 천주교로 분류하였으며, 설문에 포함하였던 기타 종교(유교, 전통종교, 그 밖의 종교)는 샘플이 지나치게 작아 분석에서 제외하였다. 종교성은 종교 예배의식 참석 빈도를 7점 리커트(Likert) 척도로 구성되어 있다. 분석에서는 역으로 리코딩하여 점수가 높을수록 종교성이 높음을 의미한다.

(2) 신뢰

신뢰는 대인신뢰, 정부신뢰, 사회신뢰로 구성하였으며, 대인신뢰는 이분형으로 구성되어 있으며, 정부신뢰에는 중앙 정부, 국회, 공무원, 군대, 경찰, 법원에 대한 신뢰문항을 합산하여 평균화시켰다. 각 문항은 '완전히 신뢰한다'에서 '전혀 신뢰하지 않는다'인 4점 리커트(Likert) 척도로 구성하였으며, 해석의 용이성을 위해 역으로 리코딩하였다. 즉 합산 후 평균화시킨 정부신뢰는 값이 높을수록 신뢰의 정도가 높음을 의미한다. 정부신뢰의 크론바흐 알파값(Cronbach's Alpha)이 .809로 일치도가 높게 나옴에 따라 정부신뢰를 설명하는데 적합한 것으로 판단된다. 사회신뢰는 종교, 신문, 언론, 대학, 노동조합, 기업, 은행, 시민단체로 구성하였으며, 크론바흐 알파값은 .817로 일치도가 높게 나왔다. 정부신뢰와 사회신뢰 역시 합산 후 평균화시킨 변인으로 정부신뢰와 동일한 방법으로 생성하였다.

(3) 투표참여

투표참여는 '2014 지방선거', '2012 국회의원 선거', '2012 대통령 선거'를 각각 분석에 포함시켰으며 '투표했다'와 '투표하지 않았다'로 구성된 이분형 변인이다. 또한 투표권이 없었던 대학생은 분석에서 제외시켰다.

(4) 시민행동

시민행동은 '탄원서·진정서·청원서에 서명', '보이콧(불매·구독거부 운동)

에 참여', '평화적 시위나 (촛불)집회에 참여', '정치후원금 기부나 선거운동 참여', '파업·점거농성에 참여'가 포함되어 있다. 시민행동은 '절대 참여하지 않겠다'에서 '참여한 적이 있다'로 3점 척도로 구성되어 있는 문항들을 합산하여 평균화시켰다. 시민행동의 크론바흐 알파값은 .799로 일치도가 높게 나왔다.

(5) 사회참여

사회참여에는 '시민단체', '자원봉사단체', '정치단체'를 각각 살펴보았으며 시민단체는 '환경보호', '시민운동', '자선(인도주의)', '소비자보호'를 합산하여 평균화시켰다. 3점 리커트(Likert) 척도로 구성되어 있으며 해석의 용이성을 위해 역으로 리코딩하였으며 크론바흐 알파값은 .746으로 일치도는 높게 나왔다. 자원봉사단체 참여 정도는 단일변수로 역시 3점 리커트(Likert) 척도로 구성되어 있다. 정치단체 참여정도는 '노동'과'정당'의 참여정도를 합산하여 평균화시켰다. 사회참여는 증가할수록 사회참여의 정도가 높음을 의미한다. 크론바흐 알파값은 .810으로 일치도가 높게 나타났다.

3) 표본

본 연구의 목적을 위한 모집단은 전국 4년제 대학교 재학생(전문대학, 대학원 제외)이다. 표본의 크기는 대학생 700명이며 한국교육개발원 교육통계 '2014 시도별 계열별 대학생 수' 현황에 따라 지역·계열·성별로 비례하여 층화표본추출 후 그 비율에 맞게 무작위 추출하였다. 조사방법은 ㈜한국리서치에 의뢰하여 구조화된 설문지를 활용한 온라인 조사(CAWI)를 실시하였으며, 2014년 11월 27일부터 12월 9일까지 실시하였다.

04

종교유형이
참여에 미치는 영향

〈표 6-4〉를 보면, 종교유형이 대인신뢰에 미치는 영향이 통계적으로 유의미하지 않았다. 하지만 비율만을 두고 볼 때, 개신교가 평균(28.18%)에 비해 '조심해야 한다'고 응답한 비율(34.40%)이 높았다. 종교별 대학생의 신뢰에 관한 변량분석을 실시하여 〈표 6-5〉에 정리하였다. 신뢰는 대인신뢰와 정부 신뢰, 사회신뢰로 구분하였다. 하지만 대인신뢰는 이분형 변수로 구성되어 있기 때문에 교차분석을 실시하였다.

다음으로 종속변인이 '정부 신뢰'의 경우에도 통계적으로 유의미하지

〈표 6-4〉 종교 유형이 대인신뢰에 미치는 영향(교차분석)

대인신뢰	종교 유형: 빈도(비율)					유의도
	불교	개신교	천주교	무교	전체 합계	
A	58 (79.45)	82 (65.60)	42 (75.00)	310 (71.93)	492 (71.82)	피어슨 값 = 4.7731 유의도 = .189 피셔(Fisher)의 정확 검정 = .196
B	15 (20.55)	43 (34.40)	14 (25.00)	121 (28.07)	193 (28.18)	
전체 합계	73 (100.00)	125 (100.00)	56 (100.00)	431 (100.00)	685 (100.00)	

주) 'A'는 '대부분 믿을 수 있다'를 'B'는 '조심해야 한다'를 의미함.

않았다. 하지만 종교유형이 사회신뢰에 미치는 영향에서는 통계적으로 유의미하게 나타났다(유의도 .001). 전체적으로 사회신뢰에 미치는 영향이 평균(2.792)에 비해 무교(2.833), 불교(2.823) 순으로 높았으며 평균보다 낮은 종교는 천주교(2.691), 다음이 개신교(2.676)로 나타났다. 사회신뢰에 미치는 영향에서 무교 집단이 상대적으로 높은 이유는 우리나라의 종교가 갖는 강한 내집단주의와 관련되어 있을 가능성이 있다. 즉 우리 사회에 넓게 퍼져있는 상대 종교에 대한 심각한 수준의 비판 담론과 거리의식 때문에 비종교집단의 사회신뢰가 종교인들보다 높게 나타날 수 있다는 것이다. 실제로 종교집단 간 사회적 거리를 측정한 박병진·김병수(2013)의 연구에서도 개신교와 불교는 비종교집단보다 더 낮은 허용도를 보였다.

〈표 6-5〉 종교 유형이 정부신뢰와 사회신뢰에 미치는 영향(변량분석)

	종교 유형: 평균					
	불교	개신교	천주교	무교	평균	유의도
정부신뢰	2.870	2.819	2.893	2.899	2.880	p = .451 F = .88
사회신뢰	2.823	2.676	2.691	2.833	2.792	p = .001 F = 5.49

다음은 종교유형이 종교성을 통제한 상태에서도 유의미한지 살펴보기 위해 공분산분석을 실시하였다. 그 결과는 〈표 6-6〉에 제시하였다. 분석결과는 종교성을 통제한 상태에서도 종교유형이 사회신뢰에 미치는 영향은 통계적으로 유의미하였다. 하지만 위에서 무교가 오히려 사회신뢰의 평균이 높다는 점을 볼 때 종교성을 독립변인으로 투입한 결과가 통계적 유의미성을 유지한 결과는 당연한 결과로 사료된다.

〈표 6-7〉은 종교 유형이 정치참여의 적극적 형태인 시민행동에 미치는

<표 6-6> 종교 유형이 사회신뢰에 미치는 영향(공분산분석)

변산원	자승합	자유도	평균자승	F값	유의도
Model1	3.591	6	.598	5.49**	.004
종교 유형	3.027	4	.757	5.49**	.003
종교 참석빈도	.563	2	.281		
잔차	128.551	693	.185		
전체	132.143	699	.189		

<표 6-7> 종교 유형이 시민행동에 미치는 영향(변량분석)

사회행동	종교 유형: 평균				평균	유의도
	불교	개신교	천주교	무교		
시민행동	1.718	1.808	1.846	1.751	1.766	F= 1.38 p= .247

영향을 분석하였지만 통계적으로 유의미함은 없었다. 이와 같은 결과를 볼 때 신앙을 갖는다는 것이 적극적 시민행동으로 이어지는 것에 충분한 영향력을 보여주지 못하며 나아가 종교 유형에서도 차이가 없음을 말해준다.

〈표 6-8〉은 종교 유형이 투표참여에 미치는 영향을 분석한 결과이다. 결과는 종교유형과 지방선거 및 대통령선거의 투표참여에는 통계적으로 유의미함이 없었다. 하지만 종교유형이 국회의원 선거에 미치는 영향에서는 통계적으로 유의미하였다(유의도 .010). 비율을 두고 볼 때 투표에 가장 높게 참여한 종교는 무교(85.51%)이며 다음이 불교(84.75%)로 나타났다. 하지만 개신교(81.32%)와 천주교(64.44%)는 오히려 전체 평균(82.96%)보다 낮게 나타났다. 이러한 결과는 〈표 6-6〉에서 종교유형이 사회신뢰에 미치는 영향과 유사한 패턴을 보인다. 물론 지방선거와 대통령선거에서 통계적으로 유의미하지 않은 결과가 도출되었기 때문에 모든 선거로 확장시켜서 해석할 수는 없다. 하지만 국회의원 선거에 한정시켜 볼 때, 높은 사회신뢰가 선거에

〈표 6-8〉 종교 유형이 투표참여에 미치는 영향(교차분석)

투표참여		종교 유형: 빈도(비율)				전체 빈도 (비율)	유의도
		불교	개신교	천주교	무교		
지방선거	투표	60 (86.96)	102 (87.93)	40 (75.47)	360 (87.17)	562 (86.33)	피어슨 값 = 5.815 유의도 = .121 피셔(Fisher)의 정확 검정 = .150
	미투표	9 (13.04)	14 (12.07)	13 (24.53)	53 (12.83)	89 (13.67)	
국회의원 선거	투표	50 (84.75)	74 (81.32)	29 (64.44)	295 (85.51)	448 (82.96)	피어슨 값 = 12.805 유의도 = .005 피셔(Fisher)의 정확 검정 = .010
	미투표	9 (15.25)	17 (18.68)	16 (35.56)	50 (14.49)	92 (17.04)	
대통령 선거	투표	56 (91.80)	80 (85.11)	38 (82.61)	317 (90.31)	491 (88.95)	피어슨 값 = 4.464 유의도 = .216 피셔(Fisher)의 정확 검정 = .210
	미투표	5 (8.20)	14 (14.89)	8 (17.39)	34 (9.69)	61 (11.05)	

〈표 6-9〉 종교 유형이 국회의원 선거에 미치는 영향(공분산분석)

변산원	자승합	자유도	평균자승	F값	유의도
Model1	1.958	6	.326	2.35	.030
종교 유형	1.814	4	.453	3.27*	.011
종교 참석빈도	.100	2	.050	0.36	.697
잔차	75.316	543	.139		
전체	77.274	549	.141		

도 영향을 미쳤을 것으로 추론할 수 있다.[4]

〈표 6-9〉는 종교유형이 국회의원 선거에 미치는 영향을 종교성을 투입하여 공분산분석한 결과를 정리한 것이다. 분석결과는 종교성을 투입한 상태에서도 통계적 유의미함을 유지하였음을 확인할 수 있었다(유의도 .011). 이 결과는 〈표 6-5〉과 같이 무교에서 상대적으로 높은 사회신뢰를 지녔다는 결과에서 보면 당연한 결과로 보여 진다.

다음은 종교유형이 사회참여에 미치는 영향을 살펴보았다. 분석결과를 보면 정치단체 참여를 제외하고 시민단체 참여와 자원봉사 참여에는 통계적 유의미함을 보였다. 자세히 살펴보면 종교유형이 시민단체 참여에 미치는 영향(유의도 .000)에서 평균(1.086)에 비해 무교를 제외하고는 모두 높은 참여를 보였다. 종교별로는 천주교(평균 1.196), 불교(평균 1.151), 개신교(1.096) 순으로 높게 나타났다. 시민단체를 구성한 항목이 '환경보호', '시민운동', '자선활동'과 같은 공익적 시민운동(NGO)이라는 점을 고려할 때 종교집단이 비록 사회신뢰에 있어서는 낮을 수 있지만 사회변화를 위한 동력으로 작용하고 있음을 확인할 수 있다. 즉 낮은 사회신뢰를 회복하기 위한 사회발전의 기제로 종교의 사회참여가 발동하고 있음을 짐작하게 해주는 결과이다.

〈표 6-10〉 종교 유형이 사회참여에 미치는 영향(변량분석)

사회참여	종교 유형: 평균				전체 평균	유의도
	불교	개신교	천주교	무교		
시민단체	1.151	1.096	1.196	1.058	1.086	F= 8.56 p= .000
자원봉사	1.438	1.336	1.589	1.313	1.353	F= 4.39 p= .004
정치단체	1.062	1.052	1.089	1.029	1.042	F= 1.76 p= .154

종교유형이 자원봉사 참여에 미치는 영향(유의도 .004)에서도 통계적으로 유의미한 결과를 보여주는데 평균과 비교하여 천주교(평균 1.589), 불교(평균 1.438), 개신교(평균 1.336) 순으로 높게 나타났다. 무교는 종속변인이 시민단체인 사회참여의 결과와 같은 평균 보다 낮은 결과(1.313)를 보여준다. 이는 종교를 믿는다는 것이 타인에 대한 배려와 봉사라는 가치체계를 그대로 유지하고 있음을 말해준다. 한편, 정치단체의 참여는 종교유형이나 무교집단과 비교하여 통계적으로 유의미하지 않은 결과가 나타났다.

〈표 6-11〉 종교유형이 자원봉사 참여에 미치는 영향(공분산분석)

변산원	자승합	자유도	평균자승	F값	유의도
Model1	5.370	6	.895	2.63	.016
종교 유형	4.960	4	1.240	3.65**	.006
종교 참석빈도	.100	2	.050	.15	.863
잔차	235.629	693	.340		
전체	240.998	699	.345		

〈표 6-12〉 종교유형이 시민단체 참여에 미치는 영향(공분산분석)

변산원	자승합	자유도	평균자승	F값	유의도
Model1	1.738	6	.290	5.36***	.000
종교 유형	1.575	4	.394	7.28***	.000
종교 참석빈도	.021	2	.010	.190	.825
잔차	37.467	693	.054		
전체	39.205	699	.056		

다음은 종교유형이 사회참여에 미치는 영향에서 통계적으로 유의미한 변인만을 고려하여 공분산분석을 실시하였다. 분석결과는 종교유형이 시민단체 참여에 미치는 영향에서 종교성을 투입한 상태에서도 통계적으로 유의미(유의도 .000)하였으며, 자원봉사에 미치는 영향에서도 종교성을 투입한 상태에서도 통계적 유의미(유의도 .006)함을 유지하였다.

이와 같은 결과는 앞서 실시한 공분산분석(〈표 6-6〉, 〈표 6-9〉)과는 다른 해석이 필요하다. 즉 종교인이 사회신뢰는 낮지만 오히려 시민단체 참여나 자원봉사와 같은 대중의 삶에 직접적으로 연결된 참여활동에는 적극적이기 때문이다. 이러한 결과를 볼 때 종교를 가진 대학생들은 정치에 대한 거리두기가 존재하며, 그럼에도 불구하고 사회에 대한 변화를 위한 노력은 지속적으로 실천하고 있음을 보여준다.

05

———

소 결

좋은 시민이 되기 위한
종교인들의 과제

본 연구의 발견(findings)은 다음과 같다. 첫째, 종교를 가진 대학생들의 신뢰는 그렇지 않은 대학생들보다 높지 않거나 그 관계는 무관하였다(가설 1, 2, 3의 기각). 이는 기존의 대부분의 연구나 통념과는 대립되는 결과였다. 잉글하트·웰젤(2011, 135)에 따르면, 신뢰가 높은 사회는 대부분 프로테스탄트 사회였거나 1인당 GDP 수준과 유의미한 상관관계를 보였다. 하지만 본 연구에서는 오히려 사회신뢰(가설 3)에 있어서는 종교를 가지지 않은 대학생 집단이 종교적인 대학생집단보다 통계적으로 더 높게 나타났다. 이는 다음의 두 가지 사실과 관련이 있어 보인다. 첫째는 신뢰와 관련된 대부분의 연구들이 지적하는 것처럼, 우리나라는 현재 심각한 신뢰의 위기를 경험하고 있다. 우리나라 국민의 국가에 대한 신뢰지수(30.2%)는 노르웨이(74.2%), 스웨덴(68.0%) 등 북유럽국가들은 물론이고 OECD 평균(38.9%)과 비교해도 낮은 수준이다. 우리나라의 신뢰도는 지난 1982년 이후 지속적으로 하락하다 2005년 이후 잠깐 상승하는 모습을 보였지만 OECD 평균과의 격차는 오히려 더 벌어지고 있는 추세이다(김동열 2013, 13-16).

더구나 많은 연구들은 탈물질주의를 지향하는 젊은 세대들의 신뢰는 일반 시민들의 그것보다 대체로 낮다는 사실을 밝혀냈다. 달톤에 따르면 정치인과 정부에 대한 신뢰의 감소는 세계적인 현상인데, 특히나 미국에서는 2차 대전 이후의 위대한(the Greatest) 세대보다는 밀레니엄 전후(X) 세대에게서 두드러지게 나타났다(Dalton 2008, 4). 더구나 우리나라는 선진국 중 물질주의와 탈물질주의라는 가치를 둘러싼 세대 격차가 가장 큰 국가에 해당된다(잉글하트와 웰젤 2011, 4).

정리하자면, 사람과 정부에 대한 한국사회의 낮은 신뢰, 특히 대학생을 비롯한 젊은 세대들의 신뢰 하락이 종교를 둘러싼 집단 사이의 어떤 차이도 생성하지 못하게 만들고 있다는 것이다. 여기에 종교 내집단과 외집단 사이의 신뢰 격차(장형철 2013)와 '땅 밟기 기도'와 '이슬람 채권' 등 종교계 내부의 갈등 심화가 오히려 비종교집단보다 더 낮은 사회신뢰를 만들고 있다고 해석할 수 있다.

정치참여 역시 종교나 종교성의 뚜렷한 작용을 발견하지 못했다. 특히 촛불과 광장으로 상징되는 시민행동에 있어서는 아무런 차이도 확인할 수 없었다(가설5의 기각). 이는 정치참여의 패턴을 결정하는 것은 종교 요인보다는 가치(물질주의와 탈물질주의)나 이념(보수와 진보)일 수 있다는 해석을 가능하게 해준다. 물질주의자들이 투표참여를, 탈물질주의자들이 시민행동을 주도하고 있다는 사실은 국내 연구에서도 확인된 바 있다. 정철희(1997)는 세계가치조사(1996년) 한국 자료 분석을 통해 탈물질주의 가치가 시위·파업 등의 저항적 정치행위나 각종 자원적 결사체에의 참여와 높은 상관관계를 갖는다는 점을 실증적으로 보여줬고 궁극적으로 그러한 가치지향이 사회민주화를 촉진하는 데 기여할 것이라고 전망했다. 강수택·박재홍(2011)은 1990~2005년 기간 중 이루어진 4차례의 시계열 자료를 분석하여, 사회운동에 참여하는 응답자들의 탈물질주의 가치지향이 전반적으로 강화되었으며 저항적 정치행위 참여는 탈물질주의자 집단에서 보다 높게 나타났음을 밝혀냈다. 이러한 결과는 탈물질주의 가치가 한국 사회운동 과정에서 적극적 역할을 수행해 왔음을 시사한다. 김욱(2013)의 연구에 따르면 탈물질주의 가치관은 비선거참여에 영향력을 주로 행사하고, 투표참여에 대한 영향력은 통계적으로 유의미하지 않았다. 이는 본 연구의 한계 또는 후속연구의 방향, 즉 대학생 나아가 종교집단이 어떤 가치와 이념을 지향하고 있는지를 심층 연구할 필요성을 시사하고 있다.

마지막으로 종교와 종교성이 사회참여를 활성화시키는 효과가 있음을 확인하였다(가설 6과 7의 인용). 종교집단은 그렇지 않은 집단보다 환경·인권·소비자 등 시민단체나 자원봉사 단체의 가입 빈도가 더 높았다. 하지만 정치단체는 통계적으로 유의미한 차이를 확인할 수 없었는데 이는 앞의 정치참여의 결과와 유사한 맥락에 서 있다. 종교집단의 적극적인 사회참여는 종교의 의미를 넘어 사회발전의 긍정적 요소이다. 이러한 결과가 나온 원인으로는 대부분 대학의 종교 동아리나 각 교단의 대학생 모임의 취지가 교리에 대한 연구 및 학습과 더불어 소외 이웃과 사회적 약자에 대한 사회봉사이기 때문일 것으로 추측할 수 있다.

이제 애초의 물음, 즉 우리 사회의 종교적인 대학생들은 선한 이웃이자 좋은 시민인가의 질문으로 돌아가 보자. 지금까지의 연구결과에 한정하자면 그럴 수도 있고 그렇지 않을 수도 있다. 하지만 분명한 것은 그들의 신뢰는 동료 시민보다는 같은 교파 안의 형제·자매와 같은 교우나 종교 지도자에 대한 신뢰 또는 정부 신뢰가 앞선다는 점이다(박준성·전미연·정태연 2010; 이수인 2013). 한국의 시민사회와 교회가 '서로 소통하지 못하고 연계되어 있지 않으며, 교회 안에서만 끈끈한 유대관계'를 갖고 있다는 진단(장형철,

2013)은 비단 개신교의 문제만은 아니다. 왜냐하면 안으로 닫힌 폐쇄적 네트워크는 시민사회와의 교량역할보다는 파편화를 가져온다는 사회자본론의 명제는 동서고금의 진리이기 때문이다.

그렇지만 낙관적 전망의 근거 역시 확인할 수 있었다. 퍼트넘과 캠벨의 연구에서 주목할 것은 "통계분석이 보여주는 것은 종교성이 좋은 이웃관계에 아무런 영향을 미치지 않는다는 것이 아니라 그 영향력이 거의 전적으로 종교 사회연결망을 통해 나타난다는 것"이라는 주장이다. 즉 선한 이웃을 만든 마법의 열쇠가 종교나 종교성이 아니라 사회연결망이라는 사실이다(퍼트넘·캠벨 2013, 569). 종교에 뿌리를 둔 미국에서의 사회적 연결망은 네트워크와 시민참여를 격려하는데 있어서 긍정적 효과를 가진다는 것을 알 수 있다.

오늘날 한국사회, 특히 대학에는 적지 않은 수의 종교동아리가 선교와 친교를 넘어선 다양한 봉사활동을 전개하고 있다. 이들을 통한 사회참여의 활성화는 민주주의와 사회 자본에 대단히 고무적인 요소이다. 미국의 정치적 분열은 종교적인 다양한 사회연결망을 상징하는 '수잔 아주머니 원칙'(Aunt Susan Principle)이나 '내 친구 알 원칙'(My Friend Al Principle), 즉 다른 종교와의 결혼이나 우정을 통한 사회적 파급효과를 통해 치유된다(퍼트넘·캠벨 2013, 15장). 반대로 한국은 대체로 부부간 또는 부모와 자녀간 하나의 종교로 통일되는 경향이 강하며(한내창 2010, 19), 개신교의 경우 선교활동 참여와 기도 빈도 등 종교성이 높을수록 낮은 타종교 결혼 허용도를 보인다(한내창 2012, 146).

이것이 함의하는 바는 우리 사회에서 종교 경계선을 가로지르는 결혼과 신앙간 우정의 증대를 가능케 할 에큐메니즘의 확대가 절실하다는 사실이다. 68혁명 이후 미국에서 종교의 과도한 보수화와 정당과의 지나친 결속이 불러온 세속화 경향, 특히 젊은 세대들의 이탈은 배타성과 폐쇄성을 특징으로 하는 한국 종교계가 반면교사로 삼을만하다.

제 **7** 장

정치참여와
사회참여의 관계

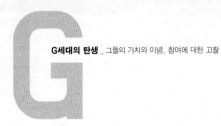

G세대의 탄생 _ 그들의 가치와 이념, 참여에 대한 고찰

01

지지 효과인가, 상충(trade-off)의 딜레마인가

정치참여와 사회참여의 관계에 대한 다수 해석은 상호 지지 효과로 요약할 수 있다. 버바 등은 실증적 연구를 통해 비정치적 참여가 정치참여를 증진시키는 긍정적 여과효과를 갖고 있음을 증명하였다. 그는 정치나 공공정책과 상관없는 비정치적 제도와 기구에의 참여는 조직적 의사소통상의 기술을 발전시킴으로써 정치적 활동을 촉진한다고 주장하였다. 그 근거로써 교회(남부교회와 민권운동, 백인교회와 보수 세력)를 들고 있는데, 교회는 열악한 지위에 있는 사람들의 정치적 활동을 동원하는 계급에 기반한 정당과 노조가 약한 미국에서 이의 기능적 대체물이라는 것이다(Verba 2002, 18-19). 퍼트남 역시 시민 결사체가 조밀한 사회일수록 정치참여 수준도 높다고 주장하였다. 그에 따르면, 자발결사체의 참여는 참여자들을 사회화시키고 학습시켜 민주주의에 부합되는 규범과 가치를 습득하게 하여 정치참여로 유인하는 효과를 갖게 된다(Putnam 1993).

국내의 연구 또한 이를 지지하는 것들이 다수이다. 개인적 수준에서 김상돈(2007)과 장수찬(2002)은 비정치적 결사체 가입 혹은 사회참여가 높은 사람들이 정치참여에도 적극적일 가능성이 높다고 주장했다. 사회참여가 높은 사람들일수록 많은 사람들과 교류하게 되고 이에 따라 정치적 관심이 환기되며 이것이 다시 정치참여를 활성화시키기 때문이다. 이러한 상관관계는 비합법적 정치참여에서 특히 높게 나타나며, 투표 등과 같은 제도화된 합법적 정치참여에 대해서는 다소 낮게 나타난다(장수찬 2002). 또 다른 연구 또한 시민적 결사체에 참여하는 정도가 활발할수록 높은 정치적 관심과 높은 정치적 신뢰를 보였음을 확인해 주었다. 이들의 연구에 의하면, 사회 자본은 민주시민의 대표적인 덕목인 정치적 관심과 신뢰를 배양시키는 효과를 낳음으로써 정치참여의 중요한 예측 변인으로 작동한다(민영·주익현 2007, 203-205). 박종민·배정현(2008, 140)의 연구에서는 종교단체를 포함한 대부분의 단체 가입은 정치참여에 매우 강한 긍정적 관계(94%)를 보였다.

하지만 최근 들어 정치참여와 사회참여의 관계가 반드시 비례하는 것이 아니라는 반론이 늘고 있다. 왜냐하면, 각종 사회운동에의 참여는 정치에 대한 불만족과 비판의식을 높이는 결과를 가져오므로 결사체 활동이 꼭 정치적 신뢰와 정치참여의 증대로 이어지지는 않기 때문이다(Pharr 2000; Newton 1999). 사회참여가 정치참여는 물론 민주주의의 고양에 필수적 요소라는 명제에 대한 회의론 역시 부각되고 있다. 경험적 자료에 근거한 가장 체계적인 비판은 결사체에 의한 참여가 증진되면 될수록 정치과정과 정책결정이 극단적 주장을 망설이지 않는 조직화된 소수의 수중에 떨어지게 된다고 본 피오리나의 연구이다. 그는 온건한 중도적 의견이 잘 대표되지 못하는 이유에 대해 극단주의자들은 상징이나 원칙을 더욱 강조하고, 합당한 타협으로 보이는 것을 거부하며, 모든 것을 흑백으로 재단하고, 자신들에게 동의하지 않는 사람들을 적으로 간주하기 때문이라고 설명하고 있다(Fiorina 1999, 408~412). 뉴튼 역시 사회균열과 갈등을 확대재생산하는 비사회자본 (unsocial capital)을 생산하는 조직을 주목하고 있다(Newton 1999). 구성원 간의 결속력은 강하지만 사회 전반에 대해서는 배타적이고 적대적인 태도를 취하고 있는 이러한 조직으로는 갱·민병대·종교적 근본주의자·우익 극단주의자·마피아·테러리스트 등이 해당된다.

우리의 경우도 지나치게 배타적인 1차 결사체에의 편중된 활동은 정치참여는 물론이고 민주주의의 고양에 해가 될 수 있다는 지적이 있다. 이양수(2006)에 따르면 혈연, 학연, 지연을 토대로 한 귀속적 집단참여는 정치참여에 미미하거나 부정적인 관계를 보인 반면, 주민단체, 노조, 정치단체 등에 관여하는 것은 적극적이고 항의적인 정치참여에 유의미한 영향력을 행사한다고 한다.

02

정치참여와
사회참여의 관계

〈표 7-1〉은 이번 조사를 통해 나타난 정치참여와 사회참여의 관계이다. 매우 독특하지만 이 조사 안에서는 일관된 패턴이 드러났다. 그것은 정치참여 중 시민행동과 사회참여는 대체적인 정(+)의 관계를 보였지만 투표참여는 그 반대로 음(-)의 관계가 나타났다. 지난 세 차례의 선거에 참여하였던 집단보다 그렇지 않은 집단의 사회참여가 더 높았던 것으로 나타났다. 그렇지만 어려운 정치참여라 할 수 있는 시민행동에의 참여는 단체의 유형과 상관없이 사회참여를 증가시키는 것으로 나타났다. 이는 전형적으로 잉글하

〈표 7-1〉 대학생 집단의 정치참여와 사회참여의 관계

			사회참여				
			평균 지수	시민	자원봉사	친목	정치
정치참여	투표참여	낮은 집단	14.94	13.52	-2.27	8.90	34.78
		높은 집단	-2.04	-1.84	0.31	-1.21	-4.74
	시민행동	낮은 집단	-22.71	-19.79	-8.90	-21.57	-12.78
		중간 집단	10.09	6.48	2.10	11.71	6.59
		높은 집단	38.60	43.51	23.01	27.57	17.84

트와 웰젤(2007)이 말한 탈물질주의 세대의 자기표현 가치 중시와 부합하는 현상이다.

이러한 패턴이 일반적인 것인지를 확인해 보기 위해 〈표 7-2〉를 작성해 보았다. 여기에서 흥미로운 차이를 발견할 수 있다. 대학생들과 달리 일반인 집단(KSDC 2010)에서는 정치참여와 사회참여의 관계가 비례하는 것 (+)으로 나타났다. 한국인들은 투표참여든 시민행동이든 상관없이 정치참여의 수준이 높아질수록 사회참여도 적극적이었다. 이는 이번 조사에서 밝혀진 새로운 사실이다. 기존의 연구들은 정치참여의 유형을 구분하지 않고, 정치참여와 사회참여의 관계를 연구하였거나 아니면 연령효과를 구분하지 않고 단일한 대상을 표본으로 삼았기 때문에 이러한 독특한 현상을 파악할 수 없었다.

이처럼 정치참여와 사회참여의 상호 관계는 복잡하고 논쟁적인 이슈이며, 따라서 이에 대한 보다 엄밀한 분석이 요청된다고 하겠다.

〈표 7-2〉 대학생 집단과 일반 시민 집단의 정치참여와 사회참여의 관계

			사회참여									
			G세대(2017)					KSDC(2010)				
			평균 지수	시민	자원 봉사	친목	정치	평균 지수	시민	자원 봉사	친목	정치
정치참여	투표참여	낮은 집단	14.94	13.52	-2.27	8.90	34.78	-17.09	-16.71	-19.56	-9.04	-12.41
		높은 집단	-2.04	-1.84	0.31	-1.21	-4.74	4.77	4.52	4.43	2.86	3.63
	시민행동	낮은 집단	-22.71	-19.79	-8.90	-21.57	-12.78	-26.73	-18.73	-15.02	-25.80	-13.66
		중간 집단	10.09	6.48	2.10	11.71	6.59	-2.68	-1.68	-5.11	-0.57	-0.60
		높은 집단	38.60	43.51	23.01	27.57	17.84	32.50	22.83	28.05	24.94	27.38

결론 :
전망과 과제

G세대의 탄생 _ 그들의 가치와 이념, 참여에 대한 고찰

01

우리나라 대학생의
가치와 이념, 그리고 참여

이번 연구의 첫 번째 성과는 객관적 자료와 체계적 방법론에 의해 대학생 집단의 가치의 변화를 측정하였고, 가치가 참여에 미치는 영향을 확인하였다는 데 있다. 3포세대니 5포세대니 하는 자조 섞인 푸념이 일상화된 장기 불황 속에서도 우리나라 대학생들의 가치의 비중은 산업화 단계의 물질주의(11.3%)보다 후기산업화 단계의 탈물질주의(14.6%)가 더 많았다. 비록 그 속도와 범위는 다른 선진국에 비해 지연된 것이기는 하나 방향과 내용은 그것과 일치하는 것임을 확인할 수 있었다.

첫째, 보다 중요한 성과는 국내에서는 처음으로 대학생 집단을 대상으로 물질주의자들이 투표참여를, 탈물질주의자들이 시민행동을 주도하고 있다는 사실을 경험적으로 입증하였다는 점이다. 본 연구에 따르면, 물질주의자들은 '쉬운 참여'라 할 수 있는 대선과 총선 등 투표에 탈물질주의자들보다 보다 열성적으로 참여하고 있다. 반면 탈물질주의자들은 '어려운 참여'라 할 수 있는 시민행동에 물질주의자들보다 훨씬 적극적으로 관여하고 있다. 특히 시민행동의 하위 유형 중 하나인 '평화적 시위나 촛불집회에 참여'에 미치는 가치의 효과는 뚜렷하였다. 또한 이러한 결론은 대학생 집단뿐만 아니라 일반 시민에게도 적용가능한 것으로 보인다. 가치와 이념의 차별적 효과는 뚜렷하다. 물질주의자와 탈물질주의자, 진보와 보수는 완전히 다른 패턴의 정치참여 양상을 보여주었다. 물질주의자들은 정치참여 방식으로 압도적으로 시민행동보다는 투표참여를, 탈물질주의자들은 그 반대로 시민행동을 선호하고 있다. 이러한 결과는 '광장의 정치'와 '촛불시위'를 탈물질주의자와 진보세력이 주도하여 왔으며 반면에 물질주의자와 보수가 투표참여를 이끌고 왔음을 반증하는 것이다. 하지만, 가치가 사회참여에 미치는 효과는 정치참여만큼 분명하게 나타나지는 않았다.

둘째, 이념과 참여의 관계를 확인할 수 있었다는 점이다. 이념 체계가 탈물질주의자일수록 개인주의 성향이 강하고 물질주의자일수록 국가주의 성향이 높았다. 세계주의자들은 물질주의보다는 다소 탈물질주의 성향이 강한 것으로 나타났다. 그렇지만, 이번 조사를 통해 이념 체계가 정치참여와 사회참여에 어떤 영향을 미치고 있는가를 발견하였다고 단언하기는 어렵다. 그것은 두 가지 때문이다. 우선 개인주의 자체가 갖고 있는 양방향적인 속성 탓이다. 개인주의는 높은 자율성으로 국가주의 및 획일주의와 대립하여 관용과 공존할 수 있지만 동시에 공동체주의조차 거부함으로써 사회통합의 원리를 저해할 수도 있다. 이번 조사에서도 개인주의는 투표참여와 시민행동에 있어서는 세계주의보다는 낮고 국가주의보다는 높은 수준을 차지하였다. 하지만 사회참여에 있어서는 최저 수준을 보여주었다. 또 다른 요인은 아직 대학생 집단이 세계시민성이나 세계시민의식을 강하게 체득하지 못했기 때문일 수 있다. 이 점은 바로 우리나라의 G세대가 확고히 구축된 실체라기보다는 형성 단계에 있는 세대라고 비판받을 수 있는 여지를 제공하는 것이다. 세계시민의식이 인권과 환경 등 글로벌 이슈에 대한 이해와 문제해결 능력으로 구성되어 있다고 한다면, 이를 촉진시키기 위한 다양한 교육 프로그램을 제공하고 국제사회에서 대한민국 정부의 책임을 강화하는 것이 바람직한 방향이라 할 수 있다.

셋째, 참여에 미친 효과가 가장 뚜렷한 독립변수는 뜻밖에도(?) 정치 효능감이다. 우리의 연구 결과는 정치 효능감이 투표참여와 같은 관례적 참여(쉬운 참여)는 물론이고 다양한 형태의 시민행동(어려운 참여)에의 관여 역시 높이는 것으로 나타났다. 또한 정치참여뿐만 아니라 정치 효능감이 높은 집단일수록 사회참여에 적극적이었는데, 그 정도는 정치단체보다는 시민단체에서 확연한 것으로 드러났다. 본 연구에서는 나름대로 정치 효능감을 높이는 방법을 제시하였다. 하나는 내적 효능감을 높이기 위해 참여의 방식과 의미에 대한 훈련과 기회를 제공할 수 있는 교양교육과 민주시민교육을 강화하는 것이다. 사실, 최근에 중앙정부든 지방정부든 평생교육이나 평생학습을 강조하는 프로그램과 광고를 쉽게 접할 수 있다. 하시만 교육의 대개는 인문교양, 취미·여가, 취업역량 증진에 맞추어져 있다. 지난 보수정부 10년 동안 공공성과 시민성, 참여와 민주주의를 토론하고 실험하는 민주시민교육은 오히려 퇴색하였다. 촛불과 태극기가 상징하는 정치적 양극화를 극복하고 사회통합을 위해서도 정치권과 시민사회가 동참하는 민주시민교육의 시행은 더 미룰 수 없는 시급한 과제이다. 또 다른 하나는 대학생들의 정당 가입과 정치활동을 금지하고 있는 구시대적인 대학 학칙을 폐지하고, 선거연령을 현행 만19세에서 만18세로 낮추는 등 청년·대학생들의 정치적 대표성을 보장하는 것이다.

넷째, 종교 및 종교성에 대한 본 연구의 결과는 정치사회적 참여와 관련된 기존의 주장, 특히 외국의 사례와 대체로 일치하지 않았다는 점도 주목할 만하다. 먼저, 종교를 가진 대학생들의 신뢰는 그렇지 않은 대학생들보다 높지 않거나 그 관계가 무관하였는데, 이는 기존의 대부분의 연구나 통념과는 대립되는 결과였다. 그 이유를 우리나라가 겪고 있는 심각한 수준의 신뢰 위기, 특히 탈물질주의적 경향이 강한 대학생들의 낮은 정부 신뢰에 있다고 보았다. 게다가 종교 내집단과 외집단 사이의 신뢰 격차와 '땅 밟기 기도'와 '이슬람 채권' 등 종교계 내부의 갈등 심화가 오히려 비종교집단보다 더 낮은 사회신뢰를 만들고 있다고 해석할 수 있다. 종교집단과 비종교 집단 사이에 투표와 시민행동과 같은 정치참여의 차이 역시 확인할 수 없었다. 통계적으로 의미가 있는 유일한 차이는 사회참여에 있었다. 종교집단은 그렇지 않은 집단보다 환경·인권·소비자 등 시민단체나 자원봉사 단체의 가입 빈도가 더 높았다. 그 원인으로 대학의 적지 않은 수의 종교 동아리가 선교와 친교를 넘어선 다양한 봉사활동을 전개하고 있기 때문일 것으로 추정하였다. 본 연구 결과는 적어도 우리 사회에서는 종교인들이 더 선한 이웃이라는 퍼트남의 테제를 신뢰하기 어렵다는 것을 뒷받침하고 있다. 이것이 함의하는 바는 우리 사회에서 종교 경계선을 가로지르는 결혼과 신앙간 우정의 증대를 가능케 할 에큐메니즘의 확대가 절실하다는 사실이다. 68혁명 이후 미국에서 종교의 과도한 보수화와 정당과의 지나친 결속이 불러온 세속화 경향, 특히 젊은 세대들의 이탈은 배타성과 폐쇄성을 특징으로 하는 한국 종교계가 반면교사로 삼을만하다.

02

전망과 과제

이제, G세대의 미래와 과제를 그려볼 차례이다. 세월호와 더불어 이번 탄핵 사태는 다른 세대들이 한국전쟁과 광주항쟁, IMF를 통해 그랬던 것처럼, G세대의 정체성을 돈독히 하는 결정적 계기가 될 것이다. 우리의 분석과 그리고 약간의 기대처럼 G세대는 탈물질주의-진보-개인주의를 자신들의 세계관으로 수용하여, 관용(generosity)과 세계시민성(global citizenship)을 갖춘 좋은 시민(good citizen)으로 성장할 것인가? 아니면 철없는 신세대나 신자유시대의 잉여 세대로 전락할 것인가? 먼저, 그것에 상당한 영향을 미칠 우리 사회의 구조적 조건을 확인한 후 지금까지 논의에서 빠져 있는 중대한 요소, 즉 시민주권과 정치적 리더십을 거론하고자 한다.

1) G세대의 형성을 가속화시킬 후기산업화로의 구조적 전환

2016년 3월에 있었던 알파고와 이세돌의 격돌 및 그 결과는 바둑인 뿐만 아니라 세계인을 충격에 빠트렸다. 이제 더 이상 우리 사회에서도 인공지능이니 제4차 산업혁명이니 하는 말들이 낯설지 않게 되었다. Dalton(2008)

의 논리를 따라 대한민국에서 G세대를 등장시키고 있는 후기산업화의 발전 과정을 살펴보자.

① 세대 변화 : 산업화 세대에서 G세대로

〈표 8-1〉을 보면, 유신체제 전야였던 1970년의 한국의 인구구조는 식민지·전쟁체험 세대가 전체 인구의 33%를, 전후 베이비 붐 세대가 51.9%나 차지하였다. 민주화와 친화력이 있는 20대가 전전 세대와 전후 세대 사이에 낀 모양새이다. 주목할 점은 식민지·전쟁체험세대의 감소와 G세대(탈냉전·정보화)의 증가이다. 1987년 민주화 당시 20.1%였던 식민지·전쟁세대는 2005년에는 9.3%로, 2015년에는 5.2%로 감소하였다. 대신 1980년 이후에 태어난 후기산업화 세대는 2015년에는 27.7%를 차지하였다. 이러한 세대 변화가 바로 물질주의의 감소와 탈물질주의의 증가라는 가치의 전환을 이

〈표 8-1〉 출생 코호트별 인구 구성비

출생시기	세대명	1970년		1985년		2005년		2015년	
	대분류	연령	%	연령	%	연령	%	연령	%
~1910	식민지·전쟁 체험세대	60+	5.4	75+	1.4	65	9.3	75 +	5.2
1911~1940		30~59	27.6	45~74	18.7				
1941~1950	산업화세대	20~29	15.0	35~44	11.8	55~64	8.9	65~74	7.4
1951~1960		10~19	23.8	25~34	18.8	45~54	14.4	55~64	12.4
1961~1970	민주화세대	0~9	28.1	15~24	21.0	35~44	17.5	45~54	16.8
1971~1980				0~14	28.2	25~34	16.5	35~44	16.2
1981~1990	후기산업화 세대					15~24	14.4	25~34	14.3
1991~2000						0~14	19.1	15~24	13.4
								0~14	14.3
총인구		31,436천명		41,621천명		47,041천명		50,424천명	

출처: 1970년과 2005년은 박재흥(2009), p.25에서 재인용. 1985년과 2015년은 통계청의 〈연령별 시도인구〉 (http://kosis.kr/statHtml/statHtml.do?orgId)

끌고 있는 원동력인 것이다.

② 삶의 수준 : 풍요와 번영(Well-being)

여러 차례 설명한 것처럼 생존이 위협받는 상황에서 성장한 전쟁 이전 세대는 경제적·신체적 안전을 강조하는 생존 가치 혹은 물질주의 가치를 중시함에 비하여, 경제적·신체적 안전을 당연시하는 전후 세대는 자기표현, 삶의 질 등을 강조하는 탈물질주의 가치를 선호하게 된다. 〈표 8-2〉에서 알 수 있듯이 대한민국은 지난 반세기 동안 가장 성공적인 근대화 국가의 사례임에 틀림없다. 한국사회의 유례없는 역동성은 '압축적 근대화'의 비정상적인 '압축률'에 비밀이 숨어 있다. 서구사회가 산업혁명을 시작한 1750년대부터 2000년까지 이루어 낸 250년의 근대화과정을 한국사회는 1962년에서 2000년까지 40년이 안 되는 기간 안에 이룩함으로써 8배 이상의 압축 성장을 이루어냈다(심광현 2010, 23-25).

1997년 IMF 이후 청년 실업률이 사회적 문제로 부각되기도 하였다. 2014년 현재 9.2%에 달하는 청년 실업률은 경제협력개발기구(OECD) 국가 평균이 16% 정도라는 점과 비교할 때 겉으로 보기에는 양호하다. 다소 통계의 논란은 있지만, 어쨌든 유럽이나 남미의 청년실업보다는 다소 사정이 낫

〈표 8-2〉 우리나라의 주요 경제 지표

		1955	1965	1975	1985	1995	2005	2015
1인당 GDP (만원)		0.50	2.90	29.80	213.80	951.20	1,910.70	3,093.50
실업률	전체	-	8.1	4.1	4.0	2.1	3.7	3.7
	청년	-	-	-	7.6	4.6	8	9.2
인플레이션(%)		-	13.5	25.3	2.5	4.5	2.8	1.3

출처: 통계청. 〈경제활동인구조사〉.

다는 것이 중론이다. EU의 경우 청년 실업률은 22.6%, 실업자가 무려 550만 명으로 유럽 청년의 4분의 1이 실업자다. 청년 실업률은 연장자(10.2%)보다 2배나 높은데, 이제 청년 실업은 정치적 문제가 아니라 커다란 사회적 질병이다(Economy insight 2012. 7).

우리나라의 급속한 사회경제 발전의 한 단면은 특히 〈표 8-3〉의 주요 정보화 지표에 잘 나타나 있다. ICT를 시작한 지 20년 만에 스웨덴과 미국에 이어 국가정보화 지수(NCA)에서 세계 3위를 기록하였다(한국정보사회진흥원 2008). 미래부는 보고서를 통해 지난 20년간 추진해온 국가정보화 프로젝트에 힘입어 국가 전반의 효율과 생산성이 향상되고 세계 최고 수준의 정보통신기술(ICT) 인프라가 구축되는 등 여러 성과가 있었다고 자평했다. 그 근거로 유엔 전자정부 평가 3회 연속 세계 1위, 국제전기통신연합(ITU) ICT 발전지수 4회 연속 세계 1위, 세계경제포럼(WEF·다보스포럼) 네트워크 준비도 지수 10위권 진입 등을 들었다(연합뉴스 2014. 9. 1).

〈표 8-3〉 우리나라의 주요 정보화 지표

년 도	PC보급대수(천명당)	이동전화가입자	PC통신가입자	초고속인터넷가입자
1988	–	20,353	1,185	–
1990	–	80,005	11,729	–
1992	20.8대	271,868	117,151	–
1995	36.7대	1641293	718,188	–
1998	41.8대	13,982,477	6,438,465	–
2000	97.9대	26,816,398	16,807,067	3,870,293
세계순위	9위	24위	9위	1위

출처: 2000년까지는 심광현(2010), p.44에서 재인용. 세계 순위는 한국정보사회진흥원(2008)의 〈국가정보화지수(NCA) 순위〉를 재작성.

③ 성 역할: 여성의 보다 적극적인 사회경제적 역할

지난 수십 년 역사에서 가장 드라마틱한 문화적 변동은 성적 평등으로의 전환이다(잉글하트와 웰젤 2007, 109). 그러한 전환은 한국사회에서도 더디지만 분명하게 나타나고 있다. 1965년에 여성의 3분 1만이, 그것도 대부분은 농업에 종사하였지만 불과 40년 만에 여성(15-64세)의 절반 이상이 경제활동에 참여하고 있다.[2]

고등교육에서 여성의 역할은 보다 두드러지고 있다. 우리나라의 대학 진학률은 세계 선두권이다.[3] 1965년만 해도 여성의 대학 진학은 엄청난 특혜였다. 하지만 2015년에는 여학생의 대학 진학률이 남학생을 앞서는 현상이 발생했다.

그러나 아직 정치, 특히 입법부에는 여성들이 진출하기엔 장벽이 높다. 국제의회연맹(IPU)이 세계 189개국을 대상으로 조사한 '2014 여성 정치인

〈표 8-4〉 여성의 경제활동 참가율 추이

연도	1965	1970	1975	1980	1985	1990	1995	2000	2005	2010	2015
경제활동 참가율	37.2	39.3	40.4	42.8	41.9	47.0	48.4	48.6	50.1	49.2	56.9

출처: 통계청, 『경제활동인구조사』(http://kosis.kr/statHtml/statHtml)

〈표 8-5〉 우리나라의 대학생 추이

		1960-1972	1973-1982	1985	1995	2005	2015
대학 진학률	전체	12.0	23.2	36.4	51.4	82.1	70.9
	남학생	–	–	38.3	52.8	83.3	67.6
	여학생	–	–	34.1	49.8	80.8	74.6
인구1만명당 대학생 수	전체	–	–	311.8	424.2	642.0	638.2
	남학생	–	–	443.7	559.5	799.8	754.7
	여학생	–	–	179.7	287.9	485.0	521.7

출처: 1985년 이전 자료는 〈2010년 OECD 교육지표 조사결과〉를 이후 자료는 교육부, 〈고등교육통계자료〉를 활용하였음.

지도'에 따르면, 스웨덴, 핀란드, 노르웨이 등 북유럽 국가들은 모두 상위를 차지하였다. 〈표 8-6〉을 보면 세계 여성 의원 비율은 역대 최고치인 21.8% 로 집계됐으나 한국은 이를 밑도는 15.7%로 세계 189개국 가운데 91위에 그친 것으로 나타났다.

그럼에도 불구하고 여성의 정치사회적 진출은 급속히 증가할 전망이다. 이미 행정고시 합격자 중 여성 비율은 일반 행정직(전국모집)의 경우 56%로 절반을 훌쩍 넘어섰다(연합뉴스 2013. 11. 19.). 또한 안전행정부가 외무고시를 대체하는 '외교관후보자 선발시험' 최종합격자 43명의 명단을 발표했는데, 이 중 합격자의 58.1%인 25명이 여성이며, 최고 득점자와 최연소 합격자도 여성이었다(『월간조선』 2013. 11. 29).

제러미 리프킨은 미래의 바람직한 비전으로 '분산적이고 협동적이고 비위계적인 사회 곧 '공감 사회'를 제시하였다. 공감은 인간이 타인에 대한 감정이입을 통해 정서적 공조를 이루고 타인의 인격적 가치를 인정하는 능력으로써 인간과 인간 사이의 애정, 신뢰, 협동, 유대의 기본요소이다. 리프

〈표 8-6〉 세계 여성 정치인 현황

	의원		장관	
	순위	비중(수)	순위	비중(수)
스웨덴	4	45.0% (157/ 349)	2	56.5% (13/ 23)
핀란드	8	42.5% (85/ 200)	3	50.0% (9/ 18)
벨기에	10	41.3% (62/ 150)	10	41.7% (5/ 12)
노르웨이	13	39.6% (67/ 169)	5	47.1% (8/ 17)
덴마크	15	39.1% (70/ 179)	7	45.5% (10/ 22)
독일	22	36.5% (230/ 631)	20	33.3% (5/ 15)
대한민국	91	15.7% (47 / 300)	67	11.8% (2/ 17)

출처: http://www.unwomen.org/ca/news/stories/2014/3/

킨에 따르면 디지털 신세대와 여성이야말로 서열을 하찮게 여기고 네트워 킹 방식으로 사람이나 세상과 관계를 맺는데 적극적이며, 명령과 배척보다 는 협력과 연대에 관심이 큰 공감 능력을 갖고 있다(리프킨 2010, 673-674).

④ 일 경험: 블루칼라에서 지식 노동자로

달톤은 블루칼라에서 지식 노동자로 전환이 가져온 사회적 효과에 주 목하고 있다. 위계적인 조직의 전통적인 블루칼라 노동자들은 명령과 반복 일상(routine), 구조와 위계를 따르는 것이 원칙이다. 반면 지식노동자들은 창 조적, 기민함, 기술적으로 숙련되어 있으며, 상이한 역할을 수행한다. 문명사 가인 플로리다(Richard Florida)는 이들을 창조적 계급(Creative Class)으로 명명 하였고, 그들의 경력을 개별성과 다양성, 개방성과 업적주의의 가치와 연결 시켰다(Dalton 2008, 77-80).

산업구조의 변화는 우리나라에서도 뚜렷하게 나타나고 있다. 1965년에 전체의 40%에 달했던 농어업 취업자 수는 반세기(2015)만에 2.3%로 급감하 였다. 반면 동 시기에 사회서비스의 고용 비중은 35%에서 무려 59.1%로 급 증하였다. 특히 IT 산업의 발전은 한편으로는 노동자 없는 공장으로 인한 '고용 없는 성장'의 과제를 던져주었지만 다른 한편으로는 사회적 이동성의

〈표 8-7〉 우리나라의 산업 구조 (근로형태별 취업자 수 기준)

구분		1965	1975	1985	1995	2005	2015
산업 구조 (%)	농어업	39.3	26.4	12.5	5.8	3.1	2.3
	제조업	22.1	32.1	36.1	38.4	37.5	38.6
	사회서비스업	35.0	39.0	51.4	55.8	59.4	59.1

출처: 통계청, 〈경제활동인구조사〉
: http://kosis.kr/statisticsList/statisticsList_01List.jsp?vwcd

증가로 접속사회와 네트워크 사회를 창출하였다. 이러한 신유목적 사회 출현과 함께 사회조직은 위계형 피라미드 조직에서 수평적 네트워크 조직으로 변화하고 있다(임혁백 2011, 426).

⑤ 사회적 다양성: 소수자를 위한 시민 권리와 기회의 증진

잉글하트와 그의 동료들이 가장 강조하는 것 중 하나가 후기산업화가 낳은 시대정신으로서 관용의 증진이다. 1995년에 유럽에서 가장 보수적인 아일랜드 사람들조차 국민투표를 통해 이혼을 받아들였고, 마침내 2015년 5월에는 동성결혼을 합법화하였다. 주목할 것은 제도적인 돌파구가 이루어지기 전에 느리지만 지속적인 세대 간의 가치변화가 발생한다는 점이다(잉글하트와 웰젤 2007, 86). 탈물질주의 세대의 정치적 관용(political tolerance) 정도가 높다는 사실은 앞에서 여러 차례 언급한 바 있다.

관용이라는 가치의 중요성이 증가하고 이에 대한 수용성이 높아지는 것은 비단 남의 나라 일이 아니다. 사회적 소수자는 물론 사회와 시대에 따라 규정된다. 국가인권위원회는 종합적인 인권정책 수립과 이행을 통하여 한국사회의 인권이 개선될 수 있도록, 정부에 제3기(2017~2021) 〈국가인권정책기본계획〉(인권NAP)을 수립할 것을 권고하였다(2016.9.5.). 인권위는 2006년, 2012년에 각각 제1기와 제2기 인권NAP를 수립하도록 정부에 권고하였으며, 정부는 2007년, 2012년에 각각 인권NAP를 수립하여 이행한 바 있다. 제1기 인권NAP는 사회적 소수자 및 취약계층, 제2기 인권NAP는 인권 보장을 위한 인프라 구축에 초점을 맞추었다면, 이번 제3기 인권NAP 권고는 정부가 수립한 제1기 및 제2기 인권NAP와 그 이행에 대한 평가, 인권상황실태, 국내외 인권 기준과 해외 사례 등을 분석하고 있다. 이번 3기에서는 성소수자에 대한 차별과 인권침해를 예방하기 위해 관련 법제를 개선할 것임을 강조하고 있다. 특히 인권증진을 위한 인프라 구축의 핵심 추진과제로 2기에서 추진하다 실패하였던 포괄적 차별금지법 제정을 명시하고 있다(국가인권위,2016.9.5. 〈보도자료: 국가인권정책기본계획(NAP) 권고〉).

우리 사회에서도 관용의 증진을 압박하는 내부 요인과 외부 요인이 존재하고 있다. 먼저, 내부 요인은 한국사회가 이미 다문화사회에 진입했다는 사실이다. 연세대 구성열 교수의 연구에 따르면 현재 3만 5,000여 명인 다문화가정의 인구는 2020년께 167만 명에 달할 것으로 추산되었다. 그 때가 되면 20세 이하 인구 5명 중 1명(21%)이, 신생아 3명 중 1명(32%)이 다문화가정 출신일 것으로 추정하였다(『중앙일보』 2006. 4. 4). 외부 요인은 재일한국인의 참정권과 장기적으로는 중국까지를 염두에 둔 전략적 조치의 일환으로 대한민국은 아시아에서는 최초로 지방의원과 자치단체장 뿐만 아니라 광역교육감선거에서 영주권 취득 후 3년이 경과한 19세 이상의 모든 외국인에게 선거권을 부여하였다. 또한, 2007년 6월 28일 헌법재판소는 재판관 전원일치의 의견으로 각종 선거법에서 대통령과 국회의원 선거권, 국민투표권 등의 행사를 위해서는 국내에 거주할 것을 요건으로 하는 공직선거법과 지방선거법 조항들이 헌법상 보장된 선거권, 평등권, 보통선거의 원칙 등을 침해하는 것이라고 판단하였다. 헌법재판소의 재외국민의 참정권 제한에 대한 헌법 불합치 판결로 2012년 총선(비례대표)과 대선에서부터 230만에 달하는 재외국민의 부재자 투표가 허용되었다.

2) G세대의 난관들

잉글하트와 그의 동료들의 연구는 후기산업화의 밝은 면에 대한 지나친 강조, 거꾸로 불평등과 신빈곤 등 신자유주의 경제체제가 낳은 사회적 양극화에 대한 간과라는 한계를 안고 있다. 또한 후기산업화와 민주주의의 미래를 단선적·기계적으로 연관 짓는 것 역시 근대화론의 오류를 반복하는 것으로써 우리들로서는 동의하기 어렵다.

물론, 한국사회 역시 더디지만 지속적으로 후기산업사회로의 전환을 겪고 있다. 하지만 우리나라의 탈물질주의의 수준은 그다지 높은 수준이 아니며, 아시아에서도 일본에 뒤쳐져 있다. 무엇보다도 세계 최고의 자살률과 노동시간, 저출산율이 말해주듯이 현실에 대한 위기감과 미래에 대한 불안으로 팽배한 위험사회의 속성이 후기산업화의 장밋빛 전망에 회의를 던져주고 있다.[4] 〈그림 8-1〉과 〈그림 8-2〉에서 알 수 있는 것처럼 대부분의 선진국들의 자살률은 지속적으로 감소해왔다. 그러나 우리나라는 1985년의 자살률이 인구 10만 명당 11.2명에서 2010년에는 33.5명으로 급증하여 무려 281%가 증가하였다. 이렇게 자살률이 급증한 탓에 2000년 이래 OECD 국가 중 부동의 자살률 1위 자리를 굳건히 지키고 있다.

하지만 우리나라에서 탈물질주의 가치의 정체 또는 더딘 확산을 낳고

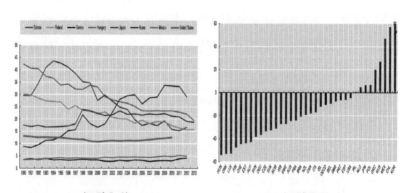

〈그림 8-1〉
OECD 국가의 자살률 추이(인구 10만명당)

〈그림 8-2〉
OECD 국가의 자살률 추이(%: 1990-2013)

출처: OECD Factbook 2016: http://www.oecd-ilibrary.org/search?option1

있는 구조적 원인은 신자유주의 세계화로 인한 양극화 현상의 심화이다. OECD(2012)는 한국사회에서 불평등이 증가하는 원인으로 낮은 사회복지 지출, 이중적인 노동시장구조, 교육과 의료에 대한 높은 민간지출 비율 등을 꼽고 있다. 그 중 가장 심각한 것이 비정규직의 급증 현상이다. 1990년대 초까지만 해도 비정규직이 차지하는 비중은 20%에 불과하였다. 하지만 1997년 IMF 사태 이후 비정규직은 폭발적으로 급증하였다. 2010년 기준으로 그 비중은 최소 33.3%(정부)에서 최대 50.4%(노동사회연구소)에 달하고 있다.

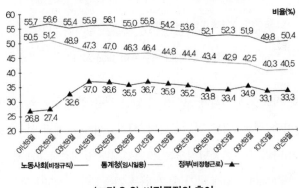

〈그림 8-3〉 비정규직의 추이

출처: 통계청(2012)

〈그림 8-4〉는 몇 해 전 발표되어 커다란 파장을 불러일으켰던 김낙년 (2013) 교수 논문의 일부이다. 그에 따르면, 한국의 지니계수는 통계청의 공식발표와 달리 1996~2006년의 10년간에 걸쳐 급속하고 일관되게 상승하였고, 소득재분배 효과를 나타내는 시장소득과 가처분소득, 지니계수간의 격차가 점차 확대되고 있다. 한국은 시장소득 기준으로는 OECD 국가 중에서 노르웨이 다음으로 불평등 정도가 낮은 나라에 속하지만, 소득재분배 효과가 멕시코, 칠레에 이어 3번째로 미미한 까닭에 가처분소득 기준으로는 칠레,

멕시코, 터키, 미국에 이어 5번째로 불평등 정도가 높은 나라로 역전된다.

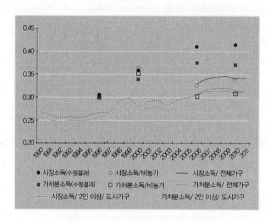

〈그림 8-4〉 지니 계수 추이(1990-2011)

이러한 지표가 분명하게 보여주고 있는 것은 결국 국가의 취약한 사회 통합 능력이다. 한국보건사회연구원의 '사회통합지수 개발 연구' 보고서에 따르면 우리나라의 사회통합지수는 2015년 기준 0.21(1이 최고 지수)로 경제 협력개발기구(OECD) 30개 국가 중 29위를 기록했다. 1995년부터 5차례(5년 주기)에 걸쳐 지수를 측정한 결과 한국은 5차례 모두 29위였다. 이번 사회통 합지수는 OECD 35개 회원국 중 30개 나라를 대상으로 '사회적 포용·사회 적 자본·사회이동·사회갈등 및 관리'의 4개 영역, 19가지 지표를 근거로 산 출됐다. 특히 사회구성원이 제도를 통한 권리의 실현과 삶의 질 향상에 필요 한 자원을 향유할 수 있는 제도적 역량을 살핀 사회적 포용 부문은 5년 연속 30위였다. 또 사회적 갈등 수준과 이를 관리할 수 있는 시민·제도의 역량을 살핀 사회갈등 및 관리 영역은 1995년 21위에서 2015년 26위로 퇴보하였 다(『세계일보』 2017. 3. 26).

이 시점에서 기억할 것은 진보와 보수를 떠나 좋은 시민들을 가능케 하는 것은 일시적 번영이 아니라 지속가능한 발전이라는 사실이다. 평생 비정 규직 인생을 걷도는 이른바 '88만원 세대' '삼포세대'로는 좋은 시민도, 좋은 정치도 창출할 수 없다. 좀 더 도덕적으로 자신의 기호를 표출하고 다양한 선택을 중시하는 새로운 형태의 소비주의와 복지사회 없이는 '효과적인 민 주주의'가 들어설 수 없다. 1987년 민주화 이후 우리는 좌파와 우파, 진보와 보수를 떠나 성장과 분배가 어우러진 조화로운 사회경제를 창출하는데 실 패해 왔다. 성장과 분배, 복지와 생태를 동시에 실현할 능력 있는 정부의 창 출이야말로 한국정치의 가장 시급한 과제이다.

03

G세대와 시민정치는
만나야 한다

1) 자기-입법(self-legislation) 원리로서의 시민정치

　루소는 『사회계약론』 2권 말미에서 자신이 다루고 있는 입법의 원리가 오늘날 우리가 흔히 민법이나 형법이라 부르는 사회적 관계의 규율에는 해당되지 않음을 분명히 하고 있다(Rousseau 2011, 190-191). 주권자로서 시민들이 집합적으로 행사하는 입법권의 범주는 루소가 근본법(fundamental laws) 내지는 정치법(political laws)이라고 부르는 것에 한정되어 있다. 이 근본법은 오늘날의 헌법처럼 국민들의 권리와 의무를 규정하고 통치구조의 기본 형태를 결정하는 측면이 있지만, 그것을 좁은 의미의 헌법에 한정할 필요는 없다. 오히려 롤즈가 말하는 '사회의 기본구조(the basic structure of society)'와 유사한 성격을 갖는 것으로 이해할 수 있다(Rawls 2001). 요컨대 루소가 주권자들로서 시민들이 갖는 입법권, 따라서 정당성 있는 정치공동체의 핵심 원리로서 자기입법의 원리를 강조했을 때, 그가 뜻하는 바는 사회의 가장 근본적인 원리 내지는 사회의 기본 구조를 결정하는 데에 시민 각자가 자유롭고 평등하게, 그리고 직접 참여할 수 있어야 한다는 것이다(김주형 2016, 42).

시민정치의 핵심을 루소의 '자기입법으로서의 민주주의'와 연결한다면 지금까지 우리가 보아왔던 몇 가지 혼란을 극복할 수 있다. 첫째는 참여민주주의가 갖고 있는 추상성과 애매성을 극복할 수 있다. 즉 영향을 미치는 것(influence)으로서의 참여와 결정을 내리는 것(decisoin-making)으로서의 참여 모두는 시민정치의 영역 안에 있지만, 루소의 강조점은 '주권자로서 시민들의 가장 근본적인 권리는 입법권'에 있음을 주목할 필요가 있다(김주형 2016, 27). 즉 시민정치는 여론조사와 같은 단순한 의견개진이 아니라 사회질서의 가장 기본적인 원리와 조건에 대한 시민들의 구체적이고 실질적인 결정에 방점이 있는 것이다. 이러한 이해를 통해 참여민주주의와의 차이를 확보하고, 시민정치가 말하는 참여의 의미를 명확히 내세울 수 있다.

둘째, 시민정치를 공동체의 중요한 구조와 정책에 대한 주권 시민의 자기-입법 원리로서 이해한다면 우리 사회에 만연한 오해, 즉 시민정치가 시민운동의 정치라거나 시민운동가들의 정치라는 편견을 불식시킬 수 있다. 시민운동이 정당과 구분되는 일차적 준거는 권력의 획득이 아니라 영향력의 행사를 추구하기 때문이다. 자유롭고 평등한 주권 시민을 주체로 설정하고 있는 시민정치는 노동자 중심의 위계적인 계급정치 또는 전통적 사회운동과 명확히 구분된다. 동시에 비제도-중심의 영향력 정치를 지향하고 있는 신사회운동이나 포스트 마르크스주의와도 확연히 다르다. 무엇보다 안철수 현상이나 박원순 현상을 시민정치로 보는 저널리즘적 해석은 전면적으로 거부된다.

셋째, 자기-입법으로서의 시민정치는 의사소통적 권력이나 하위정치, 생활정치의 개념보다 훨씬 급진적 전망과 현실적 전략을 내장하고 있다. 때로 시민정치의 주된 활동영역은 '생활세계'의 문제에 해당되거나 '생활세계'와 '체계'의 경계 내지는 관계에 집중되는 경향이 있다. 그러나 이를 비판적인 시각에서 보자면 시민정치는 이른바 국가와 경제로 대변되는 '체계'의 문제는 정면으로 다루지 못한다는 말이 되기도 한다. 하버마스 스스로의 표현을 빌자면, '의사소통 권력'이 '행정 권력'이나 '시장 권력'에 대해 우위를 유지할 수 있는 이론적·실천적 방안을 충분히 제시하지 못하고 있다는 비판이다(김주형 2016, 28).

이론화에 실패함으로써 정치 슬로건으로 머무른 대표적 사례 중 하나가 '생활정치'이다. 돌이켜보면 생활정치 담론은 두 가지 문제를 갖고 있었다. 하나는 일본과 한국에서 나타난 것처럼, 생활정치의 핵심을 선택과 결정이 아닌 자치와 분권의 원리로 한정함으로써 그 내포를 주변화시켰다는 점이다. 이러한 경향은 생활정치를 정당이나 중앙정치와 구분되는 '대리인과 지역네트 운동' 또는 풀뿌리 민주주의로 보는 일본에서 확연했다(박희숙 2009). 또 다른 한계는 생활정치의 핵심을 올바로 설정하였지만, 추상적 이론에 머무르고 제도화로 나아가지 못한 영국의 경우이다. 기든스는 생활정치의 본질을 선택에 관한 정치, 삶의 결정에 관한 정치로 규정하였다(기든스 1997, 339). 그러나 아쉽게도 그의 시야는 윤리적·도덕적 성찰에 멈추고 말았다. 그에 따르면, 생활정치는 지구적 상호의존의 맥락에서 자아실현을 촉진하는 도덕적으로 정당한 생활형식의 창조를 강조한다. 위험사회에 대한 인식과 도덕적 기반에 대한 성찰은 새로운 의제들을 정치의 중심에 올려놓고 있다. 그러나 그는 생활정치의 급진적 재구성을 위한 제도화로의 여정보다는 '생활방식의 근본적 전환'을 촉구하고 있다. 그는 점잖게 기존의 '족쇄 풀린' 경제축적이 가치 있는 삶의 방식을 위협하거나 파괴하여 왔음을 자각하고 대신 개인이나 집단이 경제적 보상의 극대화를 제한하거나 적극적으로 반대하는 삶의 방식 즉 탈 결핍경제를 선택한다(기든스 1997, 119).

넷째, 자기-입법 원리로서의 시민정치는 심의 민주주의나 생활정치가 상대적으로 경시하고 있는 사회경제적 불평등의 문제를 정면으로 응시하게 만드는 효과를 낳을 수 있다. 심의 민주주의는 개인들이 가지고 있는 이해와 선호의 단순한 집약 보다는 변환을 추구한다는 점에서 기존의 민주주의 이론과 차별성을 지닌다(유홍림 2003). 필자 역시 심의 민주주의가 '정치적 평등'과 심사숙고를 동시에 만족시켜 주는 민주적 참여 제도임을 인정한다. 그렇지만 아무리 '사려 깊은 선호'나 '이상적 담화 상황'을 강조한다 하더라도 심의 민주주의는 구조적인 사회경제적 불평등 문제를 해결할 수 있는 유력한 진단과 처방의 도구를 갖고 있지 못하다(헬드 2010, 435-438). 하지만 자기-입법 권한을 갖고 있는 시민정치는 사회양극화와 같은 불평등 문제를 '사회의 기본구조(the basic structure of society)'의 영역 안에 있는 중요한 이슈로 다룰 수 있다. 단지, 시민정치는 계급과 계층의 집합 범주(aggregate) 중심의 사회구조 불평등 분석이 아니라 다층적이고 다원화된 개인에 주목한다(홍찬숙 2014). 개인화 이론을 집대성한 『위험사회』에서 벡은 새로운 근대성의 정치적 행위자로서 세 가지의 범주를 제시하는데, 그것은 전문가, 여성, 개인들이다. 시장논리가 과학과 전문가의 영역에 침투하면서 그에 대항하는 대항과학자 또는 대항전문가들이 형성되고, 시장논리가 가족의 영역에 침투하면서 여성들은 새로운 하위정치의 주체로 등장한다. 개인적으로 감지되는 세계 차원의 위험생산에 대항하여 개인들이 때로는 신사회운동의 형식으로 저항하고, 때로는 노동시장 불안정성이 유발하는 생애위험에 개인적으로 대응함으로써 하위정치(Beck, 1997: 209-224)를 펼친다.[5]

2) 자기-입법 원리의 제도화: 직접민주주의로의 이행

그렇다면 시민정치의 제도화, 즉 '민주주의의 민주화'는 어떻게 가능할까? 그것은 중앙과 지방 수준에서 시민의 삶과 직결된 중요한 정책과 문제를 결정함에 있어 국민투표와 시민발의라는 직접민주주의 제도를 도입하는 것이다.

　사실 이러한 주장은 그다지 새로운 것이 아니다. 김상준은 국회로 대표되는 대의체제는 이미 무기력증을 드러냈고, 행정부의 관료적 보완과 사법부의 심판도 근본적 해결책이 되지 못한다고 진단하면서 주요 공공의제에 대해 시민 심의권을 행사할 시민의회 설치를 제안한 바 있다(김상준 2007, 182-184). 오현철 역시 기존의 입법·사법·행정부로부터 독립해 일반시민들로 구성되어 심의를 통해 국가정책을 결정하는 제4부, 즉 '국민부' 설립을 제시하였다(오현철 2007, 293-312). 박명림은 핵심 국가기구의 엄정한 감찰과 국민인권의 철저한 보호를 위해 감사원, 국가인권위원회, 헌법재판소, 한국은행 등 독립된 국가기구를 제4부로 독립시켜 4권 분립을 시행해야 한다고 주장하였다(박명림 2010, 93). 이러한 선구적 제안들은 매력적인 것이기는 하지만 이론화와 제도화의 관점에서 적용 및 실현가능성이라는 난점을 안고 있다. 하지만 직접민주주의는 스위스와 미국을 넘어 EU 등 보다 많은 국가들에서 채택되고 있으며, 우리나라 역시 지방 수준에서 법적·제도적 기반을 이미 구비하고 있다는 장점이 있다.

　먼저, 시민정치와 직접민주주의의 내적 연관성을 살펴보자. 직접민주주의에서 자기-입법의 주체로서 시민은 아리스토텔레스가 말한 입법자이자 동시에 피치자이다. 직접민주주의는 정치적 의사결정에 직접적으로 참여하는 시민들의 권리 체계이자 지배와 피지배 간의 권력의 불평등 관계에 근본적 변화를 가져올, '민주주의의 민주화'의 핵심 요소이다(카우프만 2008, 32-34). 또한, 직접민주주의는 아주 중요한 사안(헌법의 제·개정이나 국제조약 체결 등)의 최종 결정권을 시민들에게 부여함으로써 순수한 인민의 지배라는 이상을 현대적인 조건에 부합하는 형태로 실현하려는 시도이다.

우선 직접민주주의 안에 있는 두 가지 유형의 국민투표(popular votes), 즉 자발적 국민투표(Referendum)와 정부발의의 동원형 국민투표(plebiscite)의 차이를 분별하는 것이 중요하다. 칠레 산티아고 대학 정치학교수 데이비드 알트만은 엄격한 기준에서 볼 때, 직접민주주의는 시민발의와 시민발의에 의한 국민투표를 일컫는 것이며, 위로부터 기획되어 권력자의 의지를 실현하기 위한 국민투표(plebiscite)나 단순한 자문 절차나 부분적 결정을 의미하는 주민참여예산제 등등은 직접민주주의로 볼 수 없다고 주장하였다. 또한 직접민주주의는 대의민주주의처럼 사람(대표)을 결정하는 것이 아니라 정책과 이슈를 선택한다. 이를 간략히 정리한 것이 〈표 8-8〉이다.

〈표 8-8〉 직접민주주의와 다른 민주주의

구분	직접민주주의	다른 민주주의
결정 영역	중요 이슈	사람(후보)
지향점	-아래로부터(bottom-up)의 권력 분산 -유권자의 권한: 국민투표와 시민발의 -헌법에 명시	-위로부터(top-down)의 통제 -정부 주도: 일반투표(plebiscite and popular vote) -국민소환제나 대의원의 직접 선출 등 -국민동의의 형식으로 통치의 합법성 부여

출처: 카우프만(2008), 145-147의 내용을 정리.

스위스의 사례는 왜 직접민주주의가 시민정치의 본령인지를 잘 보여주고 있다. 스위스의 제도는 세 가지로 구분할 수 있다. 첫째, 헌법 개정이나 국제기구 가입 등의 국가적 중대 사안에 대해선 정부와 의회가 주도하는 '의무적 국민투표'가 있다. 둘째, 의회가 통과한 입법안에 대해 이의를 제기하는 '선택적 국민투표'이다. 이를 위해서는 새로운 법이 공포된 지 100일 이내에 5만 명 이상의 유권자의 서명을 받아야 한다. 셋째, 헌법 개정 또는 입법제안을 발의하고 싶으면 18개월 동안 10만 명의 서명을 받아 제출하는 시민발의가 있다. 시민발의의 경우 연방의회가 이를 거부해도 제안자들이 스스로 이를 철회하지 않는 한 발의된 개정안은 국민투표에 회부된다.

〈표 8-9〉는 직접민주주의에 대한 몇 가지 오해와 편견을 바로 잡을 수 있는 시사점을 제공하고 있다. 이와 관련하여 가장 많이 제기된 비난은 국민투표가 의회의 권한을 침해하고 정책결정에 과부하를 줌으로써 입법의 효율성을 떨어뜨린다는 것이다. 하지만 시민들은 아무 때나, 그리고 숙고 없이 아무렇게나 자기-입법 권한을 행사하지 않는다. 1874년 이래 의회에 의해 통과된 2,200건 이상의 법률 중 단 7%만이 선택적 국민투표에 부의되었다는 점이 이를 뒷받침하고 있다. 또한, 162개의 시민발의 중 투표에서 통과된 것은 15개(2007.5.21. 기준)에 불과하다. 시민들에게 너무 많은 부담을 지운다는 반대자들의 비난이나 되지도 않을 것을 끊임없이 요구한다는 '바보들의 나라'라는 비판에도 불구하고 직접민주주의를 고집하는 까닭은 직접민주주의야말로 시민의 자기-입법이자 자기-규제의 포기할 수 없는 민주주의의 가치와 이상이라는 공유된 믿음 때문이다.[6]

〈표 8-9〉 스위스의 국민투표와 시민발의 현황

구분	의무적 국민투표		선택적 국민투표		시민발의		의회의 역제안	
	전체	최근	전체	최근	전체	최근	전체	최근
	188	38	161	57	162	62	33	
가결율	140(74%)	31(82%)	88(54%)	43(73%)	15(9%)	5(8%)	64%	72%

※ 전체는 1848-2007, 최근은 1990-2007을 의미함. 카우프만(2008), p.92에서 작성.

또한 직접민주주의는 시민과 시민운동은 물론이고 정당과 의회를 활성화시킨다. 국민투표와 시민발의가 시작되면 정당과 정치인들은 초당적 위원회를 구성하고 국민투표 안건과 관련된 토론과 쟁점을 준비한다. 최근 많은 경험적 연구는 직접민주주의의 발전이 이익집단과 시민단체의 증가는 물론 정당과 선거 등 제도정치의 활성화에 긍정적 영향을 미치고 있다는 사실을 입증하고 있다. 미국의 정치학자 거버(E. Gerber)의 기념비적 연구는 직접민주주의의의 활성화가 입법과 그 저지를 둘러싸고 정당 사이의 정책경쟁을 심화시키고 공론화를 촉발한다는 점을 설득력 있게 보여주고 있다. 또한 직접민주주의 제도들이 발전한 스위스와 미국은 정당정치와 시민정치가 균형적으로 공존하고 있는 생생한 사례이다.[7]

끝으로, 직접민주주의가 인기영합 정책과 과도한 복지 부담으로 경제를 파멸로 이끌 것이라는 항간의 오해를 바로 잡을 시간이다. 지난 10월에 있었던 기본소득임금에 대한 국민투표 결과(부결)는 시민들이 단기 비용과 장기 수혜 사이의 균형을 모른다는 자유주의 경제학의 우려가 타당하지 않음을 잘 보여주는 사례이다. 독일의 경제학자인 라르 펠트에 따르면 재정문제에 관해 보다 강력한 주민 참여권이 부여된 주에서의 경제적 성과((1인당 GDP 수준)가 그렇지 않은 주보다 15% 더 높았던 반면, 조세 회피 비율(30%)이나 공공 부채비율(25%)은 더 낮았다. 그의 결론은 직접민주주의는 "시대의 발전에 일치하는 것이고, 성공적인 것이며, 수출 가능한 것이고, 미래의 발전 잠재력을 가진 것"이라는 것이다(카우프만 2008, 144).

3) 다시 광장에 서서

결론을 쓰는 지금, 탄핵 이후 주요 정당의 대선 후보 지명과 개헌에 대한 논의가 급물살을 이루고 있다. 광장이 헌법이든 정치든 새로운 단계나 시작을 상징한다면 그것은 어떤 내용으로 채워져야 할까? 4년 중임제 또는 의원내각제, 아니면 분권형 대통령제를 말하는가? 아니면 독일식 정당명부비례대표제의 선거나 지방분권 개헌이 우리가 얻을 수 있는 최대치일까?

시민정치의 관점에서 본다면 2016년 촛불정치의 과제는 자기-입법 원리로서 직접민주주의의 전면 도입을 제도화하는 것이다. 탄핵이든 4대강이든, 제주해군기지이든 한미 FTA이든, 사드든 한일군사정보협정이든 주권자를 모두 비껴갔다. 그것의 결함은 정부와 여당이 일방적으로 결정했다는 것이 아니라 여야의 공모와 묵인 하에 합법적으로 통과되었고, 이를 바로 잡을 기회마저 박탈하였다는 것이다. 공화국의 주권 시민들은 대표의 선출을 제외하고는 국가적 사안을 결정할 아무런 권한도 없다.

'시민정치'는 두 가지의 오래된 지혜를 상기시켜 주고 있다. 하나는 '정치'의 본질에 대한 일침이다. 지난 20년을 끌어왔던 정당정치와 운동정치의 대립은 우리의 폐쇄적 학술담론을 상징하는 비생산적인 논쟁이다. 정당이든 운동이든 정치의 본질을 시민의 자기-입법으로 인식하다면, 문제는 이를 어떻게 접목할 것인가로 모아질 수 있다. 그런 점에서 현 단계의 직접민주주의는 정당과 운동이 상호 보완-활성화할 수 있는 튼튼한 교량이자 더 나은 민주주의의 설계도라 할 수 있다.

다른 하나는 '시민'에 대한 성찰이다. 잉글하트(2012)의 연구에 따르면, 대한민국은 탈물질주의의 선두에 있는 나라는 아니다. 그렇지만 주기적으로 재현되고 있는 광장의 정치가 상징하듯이 이 나라의 시민들은, 그들이 후기산업화 시대의 성찰적 시민의 특성으로 제시하고 있는 요소들을 완벽하게 갖추고 있다. 광장의 시민들은 세계의 어떤 나라보다 더 열성적으로 자기를 표현하고 있으며, 시민행동에 적극적이다. 주체적 역량이라는 점에서만 본다면 우리나라에서 시민정치의 전도는 대단히 밝다. 적어도 전국적 단위든 풀뿌리든 활로를 모색하고 있는 시민운동과 진보정당에게는 직접민주주의의 제도화라는 전략에 자신의 역량과 자원을 집중할 것을 권하고 싶다.

G

■ 설문지

〔 설 문 지 〕

성 별	① 남자 ② 여자	학 년	① 1학년 ② 2학년 ③ 3학년 ④ 4학년 ④ 5학년
전공계열	① 인문계열 ② 사회계열 ③ 교육계열 ④ 공학계열 ⑥ 자연계열 ⑦ 의학계열 ⑧ 예체능계열		
학교 소재지	① 서울 ② 부산 ③ 대구 ④ 인천 ⑤ 광주 ⑥ 대전 ⑦ 울산 ⑧ 경기 ⑨ 강원 ⑩ 충북 ⑪ 충남 ⑫ 전북 ⑬ 전남 ⑭ 경북 ⑮ 경남 ⑯ 제주 ⑰ 세종		

A_ 먼저 일상생활과 관련된 사항들을 여쭈어 보겠습니다.

01 일반적으로 말해서 사람들을 믿을 수 있다고 생각하십니까? 아니면 인간관계에서
조심해야 한다고 보십니까?

　　①__ 대부분 믿을 수 있다　　　　　　②__ 조심해야한다

02 ○○님께서는 다음과 같은 의견에 대해 어떻게 생각하십니까? 해당 란에 ✔표를
해주십시오.

문　　　항	① 매우 동의	② 동의	③ 동의하지 않음	④ 전혀 동의하지 않음
2-1. 나는 투표나 집회에 참여함으로써 정부정책에 직·간접적으로 영향을 미칠 수 있다				
2-2. 정부는 나와 다른 사람들의 투표나 집회참여 등 정치적 행위에 실제로 영향을 받는다				
2-3. 나는 정부의 정책에 대해서 신뢰한다				
2-4. 나는 우리나라의 정치상황을 긍정적으로 본다				

03 ○○님께서는 회원으로 계신 단체가 있으시면 해당 란에 ✔표를 해주십시오. (단, 동아리 등 학내 단체 제외)

구　　　분	회원 아님	① 소극적 회원	② 적극적 회원
3-1. 종교나 교회단체			
3-2. 스포츠, 레크레이션 단체			
3-3. 예술, 음악 혹은 교육·문화적 활동			
3-4. 노동단체			
3-5. 정당			
3-6. 환경보호단체			
3-7. 시민운동단체(인권, 권력감시, 여성 등)			
3-8. 자선 및 인도주의 단체			
3-9. 소비자 보호 단체			
3-10. 자원봉사단체			
3-11. 기타 단체 (협동조합 등)			

04 ○○님께서는 대학생활 중 다음의 활동에 참여한 적이 있습니까? 해당되는 곳에 ✔표 해주십시오(참여한 적이 없는 경우 ②와 ③ 중에서 선택)

문　　　항	① 참여한 적이 있다	② 참여할 수도 있다	③ 절대 참여하지 않겠다
4-1. 총학생회, 단과대 및 학과 학생회 임원			
4-2. 교내 신문사·방송사·동아리활동			

05 ○○님께서는 대학생활 중 다음의 활동에 얼마나 참여하였습니까? 해당되는 곳에 ✔표 해주십시오.

문　　　항	① 항상 참여한다	② 대부분 참여한다	③ 잘 참여 하지 않는다	④ 참여한 적이 없다
5-1. 총학생회, 단과대 및 학과 학생회 행사나 활동				
5-2. 총학생회, 단과대 및 학과 학생회 임원 선거의 투표				

06 ○○님께서는 아르바이트를 어느 정도 하셨습니까?

① 학기마다 주중에도 한다
② 학기마다 주말에만 한다
③ 방학 때만 한다
④ 한 번도 한 적이 없다

B _ 다음 의견에 대해 어떻게 생각하십니까?

07 향후 10년간 이루어야 할 국가목표 가운데 가장 중요한 것과 그 다음으로 중요한 것은 무엇이라고 생각하십니까? 아래 보기에서 골라 그 번호를 써주십시오.

7-1. 가장 중요한 것 : (   )   7-2. 그 다음으로 중요한 것 : (   )

〈 보 기 〉	
① 고도 경제성장	② 국방강화
③ 직장과 사회에서의 참여 증대	④ 도시와 농촌의 환경을 아름답게 하는 일

08 아래 보기에서 가장 중요한 것과 그 다음으로 중요한 것은 무엇이라고 생각하십니까?

8-1. 가장 중요한 것 : (   )   8-2. 그 다음으로 중요한 것 : (   )

〈 보 기 〉	
① 사회질서 유지	② 정부정책결정에 대한 국민 참여 확대
③ 물가 상승 억제	④ 언론자유 확대

09 아래 보기에서 가장 중요한 것과 그 다음으로 중요한 것은 무엇이라고 생각하십니까?

9-1. 가장 중요한 것 : (   )   9-2. 그 다음으로 중요한 것 : (   )

〈 보 기 〉	
① 경제안정	② 더욱 인간적인 사회로의 발전
③ 돈보다는 아이디어가 주요시되는 사회로의 발전	④ 범죄소탕

10 ○○님께서는 다음의 주장에 관하여 어떻게 생각하십니까? 해당되는 곳에 ✔표 해 주십시오.

문 항	① 매우 동의	② 동의	③동의하 지 않음	④ 전혀 동의하지 않음
10-1. 나는 내 자신을 세계의 시민으로 생각한다				
10-2. 나는 내 자신을 대한민국이라는 국가의 일 부분으로 생각한다				
10-3. 나는 내 자신을 독자적인 개인으로 생각한다				
10-4. 국가가 국민을 테러로부터 보호하기 위해서 개인 정보 침해는 불가피하다				
10-5. 개인의 자유와 권리가 국가에 대한 충성심 이나 사회질서보다 더 중요하다				
10-6. 나는 모든 사람이 인종, 민족, 문화, 종교와 관계없이 평등한 대우와 존중을 받아야 한 다고 생각한다.				

C_ 다음은 정치 및 사회참여에 관한 사항입니다.

11. 우리 사회에서 진보와 보수를 구분한다고 할 때, ○○님께서는 어디에 속하십니까? 아래 ①번부터 ⑩ 중에서 자신이 속하다고 생각하는 곳의 번호에 ✔표 해주십시오.

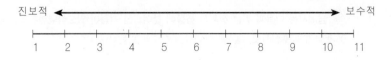

진보적 ←————————————————→ 보수적

1 2 3 4 5 6 7 8 9 10 11

12　다음 사항 중 ○○님의 생각에 근접한 쪽에 ✔표 해주십시오.

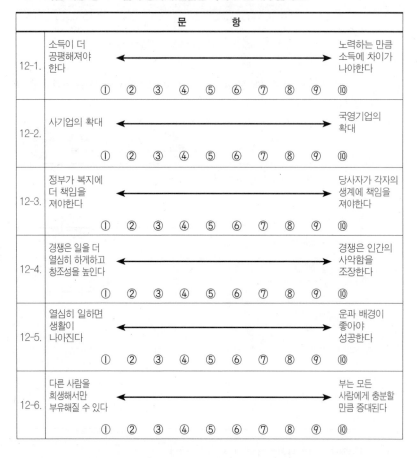

문　　항		
12-1.	소득이 더 공평해져야 한다 ← ① ② ③ ④ ⑤ ⑥ ⑦ ⑧ ⑨ ⑩ →	노력하는 만큼 소득에 차이가 나아한다
12-2.	사기업의 확대 ← ① ② ③ ④ ⑤ ⑥ ⑦ ⑧ ⑨ ⑩ →	국영기업의 확대
12-3.	정부가 복지에 더 책임을 져야한다 ← ① ② ③ ④ ⑤ ⑥ ⑦ ⑧ ⑨ ⑩ →	당사자가 각자의 생계에 책임을 져야한다
12-4.	경쟁은 일을 더 열심히 하게하고 창조성을 높인다 ← ① ② ③ ④ ⑤ ⑥ ⑦ ⑧ ⑨ ⑩ →	경쟁은 인간의 사악함을 조장한다
12-5.	열심히 일하면 생활이 나아진다 ← ① ② ③ ④ ⑤ ⑥ ⑦ ⑧ ⑨ ⑩ →	운과 배경이 좋아야 성공한다
12-6.	다른 사람을 희생해서만 부유해질 수 있다 ← ① ② ③ ④ ⑤ ⑥ ⑦ ⑧ ⑨ ⑩ →	부는 모든 사람에게 충분할 만큼 증대된다

13　○○님께서는 정치에 얼마나 흥미를 갖고 계십니까?

①__ 매우 흥미가 있다　　　　②__ 흥미가 있는 편이다

③__ 흥미가 없는 편이다　　　④__ 전혀 흥미가 없다

14　○○님께서는 다음과 같은 정치적 행동에 참여하신 경험이 있으십니까? 해당되는 곳에 ✔표 해주십시오. (참여한 적이 없는 경우 ②와 ③ 중에서 선택)

구 분	①참여한 적이 있다	②참여할 수도 있다	③절대 참여 하지 않겠다
14-1 탄원서·진정서·청원서에 서명			
14-2. 보이콧(불매·구독거부 운동)에 참여			
14-3. 평화적 시위나 (촛불) 집회에 참여			
14-4. 정치후원금 기부나 선거운동 참여			
14-5. 파업·점거농성에 참여			

15 ○○님께서는 다음과 같은 정치적 행동에 참여하신 경험이 있으십니까? 해당되는 곳에 ✔표 해주십시오. (참여한 적이 없는 경우 ②와 ③ 중에서 선택)

구 분	① 참여한 적이 있다	② 참여할 수도 있다	③ 절대 참여하 지 않겠다
15-1. 인터넷 상의 정치관련 기사와 댓글을 주의 깊게 읽음			
15-2. 타인의 정치적 의사표현에 대한 지지 나 반대 표명(댓글, 리드윗, 소문내기, 좋아요 등)			
15-3. 블로그나 게시판에 사회문제에 관한 자신의 의견을 직접 작성			
15-4. 인터넷 상의 탄원서·진정서·청원서에 서명			
15-5. 반대 진영에 대한 파괴적 공격(게시판 글 도배, 홈페이지 공격, 악성코드 유포 등)			

D_ 다음 신뢰에 관한 사항입니다.

16 ○○님께서는 다음 조직이나 단체를 얼마나 신뢰하고 계십니까? 해당되는 곳에 ✔ 표 해주십시오.

문 항	① 완전히 신뢰한다	② 약간 신뢰한다	③ 별로 신뢰 하지 않는다	④ 전혀 신뢰 하지 않는다
16-1. 종교 단체				
16-2. 군대				
16-3. 신문				
16-4. 텔레비전				
16-5. 노동조합				
16-6. 경찰				
16-7. 법원				
16-8. 중앙정부				
16-9. 정당				
16-10. 국회				
16-11. 공무원				
16-12. 대학				
16-13. 대기업				
16-14. 은행				
16-15. 환경운동단체				
16-16. 여성운동단체				
16-17. 자선 및 후원단체				
16-18. 유엔(UN)				

E_ 다음은 정보획득에 관한 사항입니다.

17 우리 사회와 세계의 정보를 얻기 위하여 ○○님께서는 다음의 정보매체를 얼마나
자주 이용하십니까? 해당되는 곳에 ✔표 해주십시오.

문 항	① 매일	② 한주에 한번	③ 한달에 한번	④ 한달에 한번 미만	⑤ 전혀 이용하지 않음
17-1. 신문					
17-2. 잡지					
17-3. 지상파 TV 뉴스					
17-4. 케이블 TV 뉴스					
17-5. 라디오					
17-6. 팟캐스트 등					
17-7. SNS(트위터, 페이스북, 카카오톡 등)					
17-8. 인터넷 내 사이트나 블로그 등					
17-9. 친구 및 학우와의 대화					

18 ○○님은 정치 관련 정보를 얻기 위해 다음 포털사이트 중 무엇을 가장 자주 이용하십니까?

① _ 구글　　　　② _ 네이버　　　③ _ 다음　　　④ _ 기타

19 ○○님은 정치 관련 정보를 얻기 위해 다음 신문 중 무엇을 가장 자주 이용하십니까?

① _ 경향신문　　② _ 동아일보　　③ _ 중앙일보　　④ _ 조선일보
⑤ _ 한겨레신문　⑥ _ 기타

F _ 다음은 선거에 관한 사항입니다.

20　○○님께서는 아래의 선거에서 투표하셨습니까? 해당되는 곳에 ✔표 해주십시오.

문 항	① 투표했다	② 투표하지 않았다	③ 투표권 없었다
20-1. 2014년 지방선거			

20-2. 2012년 국회의원선거			
20-3. 2012년 대통령선거			

21 ○○님께서는 다음 선거에서 투표할 의향이 있습니까?

① 있다   ② 없다

22 만약 내일 국회의원선거가 있다면, ○○님께서는 다음 중 어느 정당에 투표하시겠습니까? 반드시 하나를 선택해 주십시오.

① __ 새누리당   ② __ 새정치민주연합   ③ __ 통합진보당
④ __ 정의당   ⑤ __ 노동당   ⑥ __ 기타 정당

Q _ 마지막으로 자료 분석을 위해 ○○님에 대해 몇 가지 사항을 여쭈어 보겠습니다.

01 남성만 답해주십시오. ○○님은 군대를 다녀오셨습니까?

① __ 네   ② __ 아니오

02 ○○님의 종교는 무엇입니까?

① __ 불교   ② __ 개신교(기독교)   ③ __ 천주교(가톨릭)   ④ __ 유교
⑤ __ 전통종교(천도교 · 원불교 · 대종교 등)   ⑥ __ 그 밖의 종교   ⑦ __ 없음

02-1 ○○님께서는 종교예식에 얼마나 자주 참석하십니까?

① __ 일주일에 한번 이상   ② __ 일주일에 한 번   ③ __ 한 달에 한 번
④ __ 특별한 종교상의 축일에만   ⑤ __ 일 년에 한 번   ⑥ __ 거의 참석하지 않는다
⑦ __ 한 번도 참석한 적이 없다

03 ○○님께서는 다음 중 어느 계층에 속한다고 생각하십니까? 해당되는 곳에 ✔표

해주십시오

상류		중간		하류	
①__ 상	②__ 하	③__ 상	④__ 하	⑤__ 상	⑥__ 하

04 이번에는 귀댁의 월 소득수준에 대해서 여쭙겠습니다. 다음 중 어느 범주에 속하십니까?

①__ 100만원 미만 ②__ 100-200만원 미만 ③__ 200-300만원 미만
④__ 300-400만원 미만 ⑤__ 400-500만원 미만 ⑥__ 500-600만원 미만
⑦__ 600만원 이상

05 ○○님의 출신지역은 다음 중 어디입니까?

①__ 서울 ②__ 부산 ③__ 대구 ④__ 인천 ⑤__ 광주 ⑥__ 대전 ⑦__ 울산
⑧__ 경기 ⑨__ 강원 ⑩__ 충북 ⑪__ 충남 ⑫__ 전북 ⑬__ 전남 ⑭__ 경북
⑮__ 경남 ⑯__ 제주

제1장

1 이 글에서 사용된 모든 자료는 동일하다. 하지만, 각 장에서 제기된 연구문제를 실증적으로 보여주기 위해서 변수들을 재설정 한 경우가 있다. 따라서 기술통계치를 연구문제와 함께 제시하였다.

제2장

1 이론적 차원에서 하나의 세대 지위를 차지하기 위해서는 다음 세 가지 요소를 갖추어야 한다(전상진 2002, 210-215). 첫째는 사회적 사건의 흐름에서 인접한 코호트에 속함으로써 유사한 상황에 처해지게 되는 세대상황(세대위치)이다. 이 단계에서 개인들은 마치 즉자적 세대처럼 집합적인 행위 잠재성을 지니게 된다. 둘째는 세대맥락(실제세대)인데, 이 단계에서 의식의 공유를 통한 공동체 성원의식이 발생한다. 대자적 세대와 유사하게 동일한 세대상황에 위치하고 있는 개인들이 특정한 역사적 사건에 능동적으로 참여하는 행동이나 경험을 통해 세대별 소속의식을 공유하게 된다. 셋째는 그 성원들 간에 사회적 상호작용의 형태들이 형성됨으로써 하나의 행동집단으로 인정받게 되는 세대단위이다.

2 이에 대해 한준(2008)은 보수화는 진행되고 있지만 불균등하게 진행되고 있으며 이를 주도하는 것은 사회나 문화가 아니라 주로 경제 및 외교 분야의 쟁점이라고 설명하였다. 하지만 강명세는 "해방 이후 역사라는 긴 관점에서 보면 김대중과 노무현 정부의 10년의 진보는 일시적 시기로서 보수주의 시기 속에 갇힌 진보의 짧은 시기"일 뿐이며 17대 대선 결과에서 드러난 것은 한국사회의 보수화가 아니라 '강고한 보수주의의 옹벽'으로 둘러싸여 있는 한국정치의 현실이었다고 파악하고 있다(강명세 2008, 182).

3 적지 않은 연구들이 진보적인 386세대의 소멸로 이제 세대효과는 사라지고 연령효과만 남았다고 평가하고 있다(황아란 2009; 박명호 2009; 윤상철 2009). 하지만 이에 대한 반론도 적지 않다. 최근 네 차례의 대선을 분석한 한 연구에 따르면, 386 세대는 상대적으로 진보 후보에 대한 높은 지지율을 유지하고 있으며, 따라서 386 세대에 있어서는 세대 효과가 여전히 강하게 작용하고 있다(노환희·송정민·강원택 2013, 130). 또 다른 연구 역시 386세대는 일관적으로 보수후보를 덜 지지하고 있으며, 17대 대선의 패배는 세대효과의 소멸이 아니라 이들을 견인한 후배와 정책의 '동원의 실패' 탓이라고 보았다(오세제·이현우 2014, 223-226).

4 잉글하트의 탈물질주의 주장은 다음의 두 가지 이론적 가설에 기반하고 있다. 하나는 '결핍 가설'이고 다른 하나는 '사회화 가설'이다(Inglehart 1990). 결핍 가설(scarcity hypothesis)은 물론 매즈로우(Maslow 1954)의 '필요의 위계'(hierarchy of needs) 이론과 밀접한 연관이 있다. 이 이론에 따르면, 생존에 가장 기본적이라고 할 수 있는 생리학적인 필요(식욕, 성욕 등)가 충족된 이후에야 보다 높은 차원의 필요(유대감, 자기 존경, 지적 혹은 미적 만족 등)가 중요하게 된다는 것이다. 따라서 경제적으로 불안정한 환경에서 자란 개인들은 자신의 생존에 직접 도움이 되는 물질주의적인 가치를 중시하는 반면에, 경제적으로 풍요로운 환경에서 자란 개인들은 탈물질주의적인 가치에 상대적으로 중점을 두게 된다. 사회화 가설(socialization hypothesis)이란 한 개인의 가치관은 그가 살고 있는 사회경제적 환경을 그대로 반영하는 것이 아니라 주로 어린 시절의 사회화 과정을 거치면서 확립된다는 것이다. 즉 객관적인 거시경제 상황보다는 각 개인이 청소년기에 주관적으로 경험한 사회화의 환경이 중요하다는 것이다.

5 효과적인 민주주의는 형식적 민주주의와 대립된 개념으로서 세계은행의 부패지수와 프리덤 하우스의 시민적·정치적 권리로 측정된다. 이 부분은 잉글하트와 웰젤(2007)의 8장을 참조.

제3장

1 이 논문의 출처는 다음과 같다. 정상호·조광덕, 2017, "우리나라 대학생의 가치가 참여에 미치는 효과에 관한 경험적 연구"『시민사회와 NGO』, 14(3). 다른 장과 일부 중복되는 부분이 있지만, 이미 게재된 논문임을 고려하여 수정하지 않고 그대로 실었다.

2 김욱·김영태(2006)는 참여로부터 기대하는 편익(benefit)이 참여하는 데 들어가는 비용(cost)보다 크면 참여한다는 합리적 선택이론에 바탕하여 정치참여를 투표 등의 쉬운 참여와 시위와 집회, 자원봉사 등의 어려운 참여로 구분하였다.

3 우리나라에서 제6차 세계가치조사를 수행한 한국사회과학데이터센터(KSDC)의 결과는 물질주의자(17.9%), 혼합형(75.8%), 탈물질주의자(6.3%)로 나타났다.

4 정치적 효능감은 정치를 이해하고 효율적으로 참여할 수 있다는 자신의 능력에 대한 믿음(내적 효능감)과 개인의 그런 요구에 대해 정치집단 및 정부가 응답할 것이라는 믿음(외적 효능감)으로 구성된다. 이에 대해선 안명규·류정호(2007,

121)를 참조.

제4장

1 주관적 측정방식의 가장 큰 한계는 응답자들이 자신의 이념성향을 스스로 평가하는 과정에서 상당한 정도의 인지적 오류를 일으킬 수 있다는 점이다. 실제로는 보수적으로 생각하면서도 중도적 혹은 심지어 진보적으로 자신을 평가한다든지 아니면 그 반대의 가능성이 있을 수 있다. 또한 이러한 인지적 오류는 무작위적이기보다는 체계적일 가능성이 크다. 따라서 주관적 이념 성향의 평가는 절대적이기보다는 상대적인 관점에서 이해되어야 한다. 이에 대해서는 한준(2008)을 참조.

2 연속형 변수로 주관적 이념 성향을 측정할 경우 중간 값인 6점에 응답이 크게 몰리는 경향, 즉 대체로 정규분포에 가까운 모양을 보이게 된다. 다른 연구에서도 중도 좌파와 중도 우파를 합한 범중도파가 전체의 75.9%를 차지하고 있다(민병기 외 2013). 면밀히 따지자면, 20대 이념 성향의 변화는 보수화가 아닌 중도화라는 기존의 연구결과(이영민, 2010)와도 일치한다.

제5장

1 정치 효능감의 고전적 정의는 "자신의 정치적 행동이 갖거나 혹은 가질 수 있는, 정치과정에 미치는 영향력에 대한 개인의 감정"을 의미한다(Campbell, Gurin & Miller 1954, 187). 헤스(1967)는 정치 효능감을 세 가지 요소로 구분하였는데, 정치체제 및 그 대표에 대한 신뢰감(trust)과 자신이 그 체제를 조정하고 다룰 수 있다고 생각하는 확신(confidence), 그리고 정치체제로 하여금 그에 대한 반응을 보이도록 강제할 수 있다는 믿음(belief) 등이다. 정치 효능감은 일반적으로 두 가지 차원으로 나뉘어진다. Lane(1959)의 논의를 토대로 연구자들은 정치 효능감을 내적 효능감(internal efficacy)과 외적 효능감(external efficacy)으로 나누었다. 내적 효능감은 정치를 이해하고 효율적으로 참여할 수 있다는 자신의 능력에 대한 믿음을 의미한다. 반면 외적 효능감은 개인의 그런 요구에 대해 정치집단 및 정부가 응답할 것이라는 믿음을 뜻한다(Niemi, Craig & Mattei 1991).

시민 개념의 발전으로 4·19와 5·16의 의미를 분석한 연구로는 정상호(2014)를 참조.

레이파트 학파(Lijphart school)에 따르면 민주주의는 원리와 지향점에 따라 다수제 모델과 합의제 모델로 구분할 수 있다. 선학태는 우리나라의 87년 체제를 다수제 헌정체제로 규정하고, 그것을 구성하는 요소를 지역주의를 조장하는 다수대표제, 대표성을 왜곡하는 보수·중도의 독과점적 정당체제, 승자독식을 조장하는 대통령제-중앙집권제-단원제 국회로 보았다. 이를 극복하기 위해선 수평적 권력분점을 허용할 비례대표제, 다당제 연립정치, 연방제와 양원제로 구성된 합의제 헌정체제로 전환할 것을 제안하고 있다(선학태, 2010, 69-72).

2   시민 개념의 발전으로 4·19와 5·16의 의미를 분석한 연구로는 정상호(2014)를 참조.

3   레이파트 학파(Lijphart school)는 에 따르면 민주주의는 원리와 지향점에 따라 다수제 모델과 합의제 모델로 구분할 수 있다. 선학태는 우리나라의 87년 체제를 다수제 헌정체제로 규정하고, 그것을 구성하는 요소를 지역주의를 조장하는 다수대표제, 대표성을 왜곡하는 보수·중도의 독과점적 정당체제, 승자독식을 조장하는 대통령제-중앙집권제-단원제 국회로 보았다. 이를 극복하기 위해선 수평적 권력분점을 허용할 비례대표제, 다당제 연립정치, 연방제와 양원제로 구성된 합의제 헌정체제로 전환할 것을 제안하고 있다(선학태, 2010, 69-72).

제 6 장

1   이 논문의 출처는 다음과 같다. 정상호·조광덕, 2016, "종교 및 종교성이 대학생의 신뢰 및 참여에 미치는 영향에 대한 연구." 한국아시아학회. 『아시아연구』, 19(3), 115-146. 다른 장과 중복되는 부분이 있지만, 이미 게재된 논문임을 고려하여 삭제하지 않고 그대로 실었다.

2   베커는 종교가 사회참여를 증진시키는 인과관계를 도덕적 책무(Moral Freighting)의 개념으로 설명하였다. 도덕적 책무는 내면의 도덕적 코드를 공적 영역에서의 행동으로 옮기게 만드는 일종의 반향 효과를 말한다. 예배와 회중을 통해 종교인들은 자원봉사에 필요한 기술(인적 자본)을 갖추고, 자원봉사의 규범과 가치를 강화하며, 대면·지역중심의 네트워크를 확장한다(Baker, 2013 : 442-3).

3   미국에서 복음주의자의 비중은 인구의 약 17%에 달하는 것으로 알려져 있는데 수보다는 강한 정치적 결집력으로 유명하다. 1998년 중간선거에서 노조원의 65%와 동성애자의 69%가 민주당 후보를 지지한데 비해 기독교 우파는 73%가 공화당 후보를 지지한 것으로 알려져 있다(김지석 2004, 53).

4 종교집단의 상대적인 투표율 저하는 종교 정체성을 가진 후보나 정당의 부재 탓, 즉 선거의 대립구도를 반영한 것일 수도 있다. 가령 박근혜후보와 문재인후보가 맞붙었던 지난 대선(2012)에서 종교계의 조직적 움직임은 김영삼 후보나 이명박 후보가 출마하였던 과거 대선에 비해서는 훨씬 차분하였다(전명수 2013). 반면, 지난 총선(2012)에 이어 이번 20대 총선에도 도전에 나섰던 기독자유당은 원내 진입에는 실패했지만 2.64%의 역대 최고 정당득표율을 획득하였다.

제8장

1 문제는 이 수치가 현실을 제대로 반영하지 못하는 데 있다. 현대경제사회연구원 보고서(2011년 11월)는 '광의의 사실상 청년 실업자'를 규정하고 있는데, 여기에 는 15~29세 청년 가운데 실업자, 구직활동을 하지 않은 구직 단념자, 취업 준비자, 취업 의사도 없고 가사나 육아도 담당하지 않는 취업 무관심자가 여기에 해당한 다. 이 기준으로 할 때 우리나라의 체감 청년 실업률은 22.1%라는 것이 이 보고서 의 결론이다.

2 통계청의 자료와 달리 OECD의 자료에서는 우리나라 여성의 경제활동참가율이 58.96%로 잡혀 있다. 이는 1위를 차지한 아이슬란드(85.15%)나 2위인 스웨덴 (79.08%)에는 한참 뒤처지며, OECD 평균인 63.93%에도 못 미치고 있다(『조선일 보』 2013. 6. 28).

3 교육부의 〈2014년 OECD 교육지표〉에 따르면, 지난 2012년 기준 25세에서 34세 까지 우리나라 청년층의 대학교육 이수율은 66%, 고교 이수율은 98%에 달했다. OECD 국가 평균치는 각각 39%와 82%였다. 우리나라는 OECD 국가 중 대학 이 수율은 6년 연속, 고교 이수율은 2년 연속 1위를 유지하였다.

4 한국은 2000-2007년까지 노동자들의 연평균 노동시간이 가장 긴 국가였다. 2008년부터는 멕시코가 그 자리를 이어 받았다. 2012년 기준 한국의 연평균 노 동시간은 2,090시간으로 멕시코(2,256시간)에 이어 2위이며, OECD 평균은 1,765 시간이다(OECD, http://stats.oecd.org/Index.aspx?DatasetCode= INEQUALITY).

5 현대사회에서 시민정치의 중요성은 자명한 것이 되고 있으나 그것을 뒷받침할 구 조적 불평등에 대한 분석은 여전히 이전의 계급·계층이론에서 벗어나지 못하고 있다. 홍찬숙(2014)은 이러한 간극을 해소할 대안으로 벡의 개인화 이론을 제시하

고 있다. 그녀에 따르면, 개인화 이론은 현대적 시민정치를 발생시키는 불평등 구조에 대한 설명이자, 계급정치론을 상대화하는 측면에서 중요하다.

6   이 과정을 통해 '시민은 선출하고 정치인은 결정'한다는 의회민주주의의 제도화된 범주적 불평등이 교정될 수 있다. 보다 중요한 것은 실천을 통한 시민 자체의 변화이다. 아리스토텔레스의 격언대로 "입법자에게 요청되는 기술은 입법과정에 참여" 함으로서 잘 얻어진다. 시민들은 시민발의와 국민투표의 과정을 통해 훌륭한 입법자의 자질을 갖추어 나간다. 결국 직접민주주의는 능력 없는 시민을 보다 더 성숙하고 책임감 있는 시민으로 발전시킨다.

7   거버(1999)는 기업 등 기득 집단에 대한 민중적 견제(popular balance)를 위해 고안된 직접 입법(direct legislation)이 점차 부유한 이해 집단이 자신들이 선호하는 정책을 관철하는 수단으로 전락되었음을 의미하는 '민중주의의 역설(populist paradox)'이 타당한 테제인지를 검증하고 있다. 결론은 직접입법과정에서 돈과 영향력을 동일시하는 것은 오류(big spending≠big influence)라는 것이다. 시민단체는 선거에서 다수 지지자 연합을 구축하는 데 필요한 인적 자원과 명분을 갖고 있기 때문에 직접 발의나 신규 입법을 통과시키는 공세적 전략을 채택하는 반면, 그러한 자원을 갖고 있지 못한 경제적 이익집단은 저지와 방어를 위한 반대 캠페인에 상당한 재정적 자원을 사용하고 있다는 것이다.

[참고문헌]

가상준, 2007, 「정치 효능감 및 신뢰감 함양을 통한 민주시민교육」, 『한국민주시민교육학회보』 12(1).

강명세, 2008, 「한국의 보수화 회귀와 진보세력의 선택」, 『동향과 전망』 통권 72호, 64-88.

강수택·박재홍, 2011, 「한국 사회운동의 변화와 탈물질주의」, 『Oughtopia』 26(3), 69-95.

강원택, 2003, 『한국의 선거정치 : 이념. 지역. 세대와 미디어』, 푸른길.

_____, 2009, 「386 세대는 어디로 갔나 : 2007년 대선과 2008년 총선에서의 이념과 세대」, 김민전·이내영 공편, 『변화하는 한국유권자 3 : 패널조사를 통해 본 18대 국회의원선거』, 동아시아연구원.

강인철, 1996, 『한국기독교회와 국가. 시민사회 : 1945-1960』, 한국기독교역사연구소.

강철회·허영혜·최영훈, 2013, 「종교와 기부행동의 관계에 대한 연구 : 종교성의 조절효과」, 『한국사회복지학』 65, 341-365.

_____, 2009, 「종교인구의 사회봉사 참여수준에 관한 연구」, 『사회복지정책』 36(1), 5-34.

고원, 2013, 「정치 균열의 전환과 2012년 대통령선거 : 세대와 계층 변수를 중심으로」, 『동향과 전망』 통권 88호, 201-224.

곽현근, 2007, 「지방 정치참여의 영향 요인에 관한 다수준 분석 : 동네의 사회경제적 지위에 따른 동네 효과를 중심으로」, 『한국행정학보』 41(4), 229-259.

구정우·이수빈, 2015, 「기업시민성과 세계시민성 : 누가 기업의 사회적 책임 추궁에 더 적극적인가?」, 『한국사회학』 49(4), 165-198.

국가인권위원회, 2016, 『국가인권정책기본계획(NAP) 권고』.

김낙년, 2013. 2. 28, 「한국의 소득분배」 서울대경제연구소·한국개발연구원·삼성경제연구소 주최 〈한국형 시장경제체제의 모색〉 심포지움 자료집.

김동열, 2013, 「한국 사회의 낮은 신뢰도」, 『현안과 과제』, 현대경제연구원.

_____, 2013, 「한국 사회의 낮은 신뢰도」, 현대경제연구원, 『현안과 과제』(3/18).

김두식, 2005, 「환경주의와 탈물질주의적 가치에 대한 태도 연구」, 『ECO』 9, 135-180.

김상준, 2007, 「헌법과 시민의회」, 함께하는시민행동, 『헌법 다시 보기』, 창작과비평사.

_____, 2016, 「(김상준 칼럼) 나는 왜 '시민의회'를 주장하는가 : '사회개혁 기구'와 시민의회」, 다른백년 (2016. 12. 16.), http://thetomorrow.kr/archives/3314.

김성건, 2010, 「한국교회의 정치참여 : 사회학적 관찰」, 『종교와 사회』 1(1), 7-36.

김영태, 2008, 「정치사회화와 정당태도-전남지역 중고등학생을 중심으로」, 『한국지방자치학회보』 2(2), 97-115.

김용호, 2008, 「최근 한국 정당의 개혁조치에 대한 평가」, 한국정당학회, 『한국정당학회보』 7(1), 195-210.

김욱, 2013, 「투표참여와 다른 유형의 정치참여 간의 연계성 분석」, 『정치·정보연구』 16(2), 27-59.

김욱·김영태, 2006, 「쉬운 참여와 어려운 참여 : 대전과 목포지역 젊은이의 가치정향과 정치 참여」, 『정치정보연구』 9(1), 179-202.

김재한, 2011, 「투표율의 연령효과 및 도농효과」, 『대한정치학회보』 18(3), 88-110.

김종욱, 2010, 「로컬 거버넌스에서의 시민참여와 정치적 평등성, 정치적 효능감 : 일본의 사 례를 중심으로」, 『한국행정학보』 46(2).

김주형, 2016, 「시민정치와 민주주의」, 『한국정치학회보』 50(5), 25-47.

김지석, 2004, 『미국을 파국으로 이끄는 세력에 대한 보고서』, 교양인.

김진하, 2006, 「정치의식의 지역차이 : 지역주의에 한 새로운 접근」, 『한국정당학회보』 5(1), 199-234.

넬 나딩스, 2009, 「글로벌 시민의식 : 가능성과 한계」, 연세기독교교육학포럼 역, 『세계 시민 의식과 글로벌 교육』, 학이당.

노환희·송정민·강원택, 2013, 「한국선거에서의 세대효과」, 『한국정당학회보』 12(1), 113-139.

니스벳. 로버트 저, 강정인 역, 2007, 『보수주의』, 이후.

류태건, 2011, 「정치효능감과 정치참여의 유형별 관계」, 『21세기 정치학회보』 21(3), 383-415.

류태건·차재권, 2014, 「어떤 자원결사체가 어떤 신뢰를 증진시키는가 : 사회자본론의 관점 에서 실증연구」, 『동서연구』, 26(2).

마넹. 버나드, 2011, 곽준혁 역, 『선거는 민주적인가』, 후마니타스.

마인섭·장훈·김재한, 1997, 「한국에서의 탈물질주의적 가치관의 등장과 사회적 균열구조의 변화」, 『한국과 국제정치』 13(2), 29-52.

민병기·김도균·한상헌, 2013, 「대전지역 대학생의 정치의식과 정치참여」, 충남대학교 사회 과학연구소, 『사회과학연구』 24(1).

박기관, 2007, 「민선자치시대 지역주민의 정치적 태도에 대한 실증적분석」, 『지방행정연구』 21(1), 229-253.

박대식, 1994, 「주민들의 정치적 태도에 관한 연구 : 대전직할시를 중심으로」, 『사회과학논 총』5, 151-162.

박명림, 2010, 「민주공화국에서 국가를 다시 생각하다」, 도정일·박원순 외, 『다시 민주주의를 말한다』, 휴머니스트.

박명호, 2009, 「2008 총선에서 나타난 세대효과와 연령효과에 관한 분석 : 386세대를 중심으로」, 『한국정당학회보』8(1), 65-86.

박병진·김병수, 2013, 「사회균열의 축으로서의 종교」, 『동양사회사상』27집, 221-252.

박상호, 2009, 「포털뉴스 이용 동기가 인터넷 자기효능감. 정치적 신뢰. 정치냉소주의와 정치참여에 미치는 영향에 관한 연구」, 『한국언론학보』53(5).

박재묵·이정림, 2010, 「자원봉사자의 환경주의와 탈물질주의-태안지역 방제작업에 참여한 자원봉사자의 가치관 분석」, 『ECO』14(2), 53-84.

박재창, 2003, 『한국의회정치론』, 오름.

박재홍, 2009, 「세대명칭과 세대갈등 담론에 대한 비판적 검토」, 『경제와사회』통권 81호, 81-105.

박재홍·강수택, 2012, 「한국의 세대 변화와 탈물질주의 : 코호트 분석」, 『한국사회학』46(4), 69-95.

박정서, 2012, 「청소년의 정치적 태도에 대한 실증적 분석 : 정치효능감과 정치신뢰감을 중심으로」, 『청소년학연구』19(5).

박종민·배정현, 2008, 「한국에서 단체는 민주주의의 학교인가?」, 『한국정치학회보』42(3), 121-141.

박준성·박은미·정태연, 2009, 「종교성이 일반적 신뢰. 자기-효능감 그리고 생활만족도에 미치는 영향 : 개신교인과 비종교인의 생활양식 비교」, 『종교연구』55, 159-190.

박준성·전미연·정태연, 2010, 「개신교와 천주교에 대한 신뢰와 불신 : 종교인과 세대 간의 차이」, 『종교연구』58, 101-126.

박준성·정태연, 2011, 「한국인의 종교성이 행복. 봉사활동 그리고 삶의 의미에 미치는 영향 : 개신교인과 비종교인의 생활양식 비교」, 『종교연구』64, 109-135.

박찬표, 2003, 「한국 정당민주화론의 반성적 성찰 : 정당민주화인가. 탈정당인가」, 『사회과학연구』11, 155-181.

박찬표, 2012, 「열린우리당의 정당개혁과 그 결과에 대한 연구」, 민주화운동기념사업회, 『기억과 전망』27, 47-59.

박희봉, 2010, 「한국 대학생의 지역주의 : 지역별 가치관. 정치이념. 그리고 정치참여」, 『한국

정책연구』10(3), 157-174.

박희숙, 2009, 「일본의 생활정치」, 『시민사회와 NGO』 29호.

배한동, 2001, 『한국 대학생의 정치의식』, 아산재단 연구총서 제85집, 집문당.

부르노 카우프만 저, 이정옥 역, 2008, 『직접민주주의로의 초대』, 리북.

서복경, 2003, 「정당개혁과 한국 민주주의의 미래 : 원내정당화 논의의 재고」, 『동향과 전망』 60, 81-99.

선학태, 2010, 「한국민주주의 공고화 관점에서 본 헌정체제 디자인 : 합의제형」, 『민주주의 와 인권』 10(1), 69-128.

성경륭, 2015, 「이중균열구조의 등장과 투표기제의 변화」, 『한국사회학』 9(2), 193-231.

송경재, 2011, 「소셜 네트워크 세대의 정치참여」, 『한국과 국제정치』 27(2), 57-88.

송재룡·조광덕, 2015, 「종교 및 종교성이 사회정치적 참여에 미치는 영향」, 『종교연구』 75(2), 1-45.

심광현, 2010, 「세대의 정치학과 한국현대사의 재해석」, 『문화과학』 62호, 17-71.

안명규·류정호, 2007, 「인터넷 정치참여 요인에 관한 탐색적 연구」, 『사이버커뮤니케이션 학보』 통권 제23호, 114-139.

앤소니 기든스 저, 권기돈 옮김, 1997, 『현대성과 자아정체성 : 후기 현대의 자아와 사회』, 새물결.

어수영, 1999, 「한국인의 가치변화와 지속성. 그리고 민주화」, 『한국정치학회보』 33(3).

_____, 2004, 「가치변화와 민주주의의 공고화 : 1990-2001년간의 변화 비교 연구」, 『한국 정치학회보』 38(1).

오세제·이현우, 2014, 「386세대의 조건적 세대효과 :이념성향과 대선투표를 대상으로」, 『의 정연구』 20(1), 85-111.

오현철, 2007, 「국민주권과 시민의회」, 함께하는시민행동, 『헌법 다시 보기』, 창작과비평사.

우석훈·박권일, 2007, 『88만원세대』, 레디앙.

유진오, 1960, 「이승만 폭정의 종언」, 『사상계』.

유홍림, 2003, 『현대정치사상 연구』, 인간사랑.

윤민재, 2011, 「네티즌의 현실정치참여에 관한 연구 : 한국 대학생 집단을 중심으로」, 『정보 와 사회』 통권 20호.

윤상철, 2009, 「세대정치와 정치균열-1997년 이후 출현과 소멸의 동학」, 『경제와 사회』 제 81호, 한울, 61-88.

윤용탁·모경환, 1991, 「청소년의 정치적 태도에 관한 연구-1990년과 1991년의 비교 분석」, 『한국청소년연구』, 157-171.

이갑윤, 2011, 「한국인의 투표행태」, 후마니타스.

이기형, 2010, 「세대와 세대담론의 문화정치」, 『사이間』 9호.

이내영, 2002, 「세대와 정치이념」, 『계간사상』 53-79.

이상환, 1999, 「한국 대학생들의 정치의식과 지역주의 : 주요지역 정치학전공 대학생들에 대한 설문조사를 토대로」, 『21세기정치학회보』 9(2), 157-171.

이수인, 2013, 「종교와 종교성 그리고 정치적 태도」, 『동향과 전망』 통권88호, 290-335.

이숙종·유희정, 2010, 「개인의 사회자본이 정치참여에 미치는 영향」, 『한국정치학회보』 44(4), 287-313.

이시재, 1971, 「한국 민주화 과정에 있어서의 4·19」, 『다리』.

이용관, 2015, 「누가 자원봉사를 더 많이 하는가?」, 『보건사회연구』 35(1), 275-298.

이준웅·김은미·문태준, 2005, 「사회자본 형성의 커뮤니케이션 기초 : 대중매체 이용이 신뢰. 사회 연계망 활동 및 사회정치적 참여에 미치는 영향」, 『한국언론학보』 49(3), 234-261.

이진구, 2008, 「현대 한국 종교의 정치참여 형태와 그 특성」, 『종교문화연구』 10호, 1-30.

이형탁·김문섭·이호택, 2013, 「종교성이 자원봉사 참여 동기 형성에 미치는 영향」, 『로고스경영연구』 11(2), 121-140.

임성학, 2007, 「세대와 연령」, 『2007 17대 대통령선거 패널조사』, 동아시아연구원.

임성호, 2003, 「원내정당화와 정치개혁」, 『의정연구』 9(1), 41-68.

임혁백, 2011, 『1987년 이후의 한국 민주주의』, 고려대학교 출판부.

잉글하트 저, 정성호 역, 1983, 『조용한 혁명』, 종로서적.

잉글하트. 로널드·크리스찬 웰젤 저, 지은주 역, 2011, 『민주주의는 어떻게 오는가』, 김영사.

장수찬, 2002, 「한국사회에 나타난 악순환의 사이클 : 결사체 참여. 사회자본. 그리고 정부신뢰」, 『한국정치학회보』 36(1), 87-112.

_____, 2005, 「개인의 네트워크 자원과 정치참여 수준 : 대전지역조사를 중심으로」, 『한국정당학회보』 4(1), 141-171.

장신기, 2002, 「20대에게서 도망친 정치」, 『인물과 사상』 통권 51호.

장용석·조문석·정장훈·정명은, 2012, 「사회통합의 다원적 가치와 영향요인에 관한 탐색적 연구 : 국가주의, 개인주의, 공동체주의, 세계시민주의를 중심으로」, 『한국사회학』

46(5), 289-322.

장의관, 2008, 「좋은 사람과 좋은 시민의 긴장 : 아리스토텔레스 정치공동체의 가능성과 한계」, 『한국정치학회보』 45(2), 5-29.

장형철, 2013, 「종교와 사회적 자본」, 『현상과 인식』 37(2), 79-101.

장훈, 2010, 『20년의 실험 ; 한국정치개혁의 이론과 역사』, 나남.

전명수, 2013, 「한국 종교와 정치의 관계 : 대통령 선거를 중심으로」, 『담론 201』 16(2), 75-101.

_____, 2014, 「종교의 정치 참여에 대한 일고찰 : 한국의 종교와 정치 발전 연구의 일환으로」, 『담론 201』 17(3), 31-56.

전상진, 2002, 「세대사회학의 가능성과 한계 : 세대개념의 분석적 구분」, 『한국인구학』 25(2).

_____, 2004, 「세대개념의 과잉. 세대연구의 빈곤」, 『한국사회학』 38(5), 31-52.

_____, 2009, 「2008년 촛불현상에 대한 세대사회학적 고찰」, 『현대정치연구』 2(1).

전용주·김도경·서영조, 2008, 「부산·광주지역 학생들의 정치성향 비교연구 : 설문조사결과를 중심으로」, 『한국정치학회보』 42(4), 289-314.

정근식·권형택, 2010, 『지역에서의 4월혁명』, 선인.

정덕기, 2001, 「자원봉사의식과 봉사활동 및 성과에 관한 연구」, 성균관대 석사학위논문.

정상호, 2014, 『시민의 탄생과 진화 : 한국인들은 어떻게 시민이 되었나?』, 한림대학교 출판부.

_____, 2015, 「후기산업화시대의 좋은 시민과 산업화시대의 정당정치의 부조화」, 『기억과 전망』 33호, 12-56.

정상호·조광덕, 2016, 「종교 및 종교성이 대학생의 신뢰 및 참여에 미치는 영향에 대한 연구」, 한국아시아학회, 『아시아연구』 19(3), 115-146.

정진민, 1992, 「한국선거에서의 세대요인」, 『한국정치학회보』 26(1), 1992, 145-167.

_____, 1994, 「정치세대와 14대 국회의원 선거」, 『한국정치학회보』 28(1), 257-274.

_____, 2003, 「정당개혁의 방향 : 정당구조의 변화를 중심으로」, 『한국정당학회보』 2(2), 23-39.

_____, 2007, 「민주화 이후의 정치제도 : 원내정당화를 중심으로」, 『국가전략』 13(2), 105-134.

정진민·황아란, 1999, 「민주화 이후 한국의 선거정치 : 세대요인을 중심으로」, 『한국정치학회보』33(2).

정철희, 1997, 「문화변동과 사회민주화 : 탈물질주의 가치와 공중-주도 정치」, 『한국사회학』 31호, 61-83.

제레미 리프킨 저, 이원기 역, 2010, 『유러피언 드림』, 민음사.

조기숙, 2009, 「2008 촛불집회 참여자의 이념적 성향 : 친북반미좌파 혹은 반신자유주의?」, 『한국정치학회보』43(3), 125-148.

조정환, 2003, 『아우또노미아 : 다중의 자율을 향한 네그리의 항해』, 갈무리.

_____ , 2009, 『미네르바의 촛불』, 갈무리.

조중빈, 2003, 「16대 대통령 선거와 세대」, 2004년 한국정치학회 춘계학술회의 발표논문.

존. 미클레스웨이트·아드리안 울드리지, 박 진 옮김, 2005, 『더 라이트 네이션 미국 보수주의의 파워』, 물푸레.

최은숙·이석호, 2011, 「시민들의 자발적 결사체 참여가 기부 및 자원봉사에 미치는 영향」, 『한국지역사회복지학』 38집, 115-140.

최장집·박찬표·박상훈, 2007, 『어떤 민주주의인가』, 후마니타스.

최장집, 2006, 『민주주의의 민주화』, 후마니타스.

최충규, 1983, 「한국대학생의 정치정향과 정치참여」, 한국외국어대학교대학원 석사학위논문.

테드. 할스테드·마이클 린드 공저, 최지우 역, 2009, 『정치의 미래 : 디지털 시대의 신 정치 선언서』, 바다출판사.

퍼트넘. 로버트 D.·데이비드 E. 캠벨 지음, 정태식·안병진·정종현·이충훈 옮김, 2013, 『아메리칸 그레이스 : 종교는 어떻게 사회를 분열시키고 통합하는가』, 페이퍼로드.

페기 매킨토시(Peggy McIntosh), 2009, 「여성학적 관점에서 본 글로벌 시민 의식 교육」 넬 나딩스 저, 연세기독교교육학포럼 역, 2009, 『세계 시민 의식과 글로벌 교육』, 학이당.

하네스. B. 모슬러, 2013, 『사라진 지구당, 공전하는 정당개혁』, 인간사랑.

하승수·이호, 2009, 『한국 직접·참여민주주의의 현재』, 민주화운동기념사업회.

하종원, 2006, 「대학생의 인터넷 정치참여에 관한 연구 : 정치 효능감과 정치 신뢰감을 중심으로」, 『한국언론정보학보』32, 369-405.

하트. 마이클, 2002, 「인터뷰 : 자본의 제국에 대항하는 다중」, 『문화과학』 통권32호, 50-61.

학원복음화협의회, 2006; 2009; 2012. 「한국 대학생의 의식과 생활에 대한 조사」.

한국정보사회진흥원, 2008, 『국가정보화백서』.

한내창, 2010, 「종교성과 종교적 배타성 관계」, 『한국사회학』 44(1), 179-206.

_____, 2012, 「종교성과 타종교와의 결혼 허용도」, 『한국사회학』 46(1), 130-155.

한상익, 2014, 「한국정치의 신뢰위기 : 2014 정치개혁의 목표와 과제」, 『이슈브리핑』 3호.

한준, 2008, 「한국사회는 보수화되었나? :의식과 이념의 변화」, 『시민과 세계』 제13호, 25-45.

허석재, 2014, 「정치적 세대와 집합기억」, 『정신문화연구』 37(1).

헬드·데이비드, 박찬표 역, 2010, 『민주주의의 모델들』, 후마니타스.

홍덕률, 2003, 「한국사회의 세대 연구」, 『역사비평』 통권 64호, 25-51.

홍두승, 2002; 2003, 〈한국 대학생의 의식과 생활에 관한 조사〉.

홍찬숙, 2014, 「계급론 대 개인화 이론? : 계급정치에서 (세계)시민정치로」, 『한국사회학』 48(2), 107-132.

황아란, 2009, 「정치세대와 이념성향 : 민주화 성취세대를 중심으로」, 『국가전략』 15(2), 123-151.

Ainsworth. Scott H. 2002. Analyzing Interest Politics : Group Influence on People and Policies. W. W. Norton & Company.

Aldrich, J. H. 1993. "Rational Choice and Turnout", American Journal of Political Science. 37: 246-278.

Baker. Christopher. 2013. "Moral Freighting and Civic Engagement : A UK Perspective on Putnam and Campbell's Theory of Religious-Based Social Action." Sociology of Religion. 74(3) : 343-369.

Bloom. Pazit Ben-Nun and Arikan Gizem. 2012. "Religion and Support for Democracy : A Cross-National Test of the Mediating Mechanisms." British Journal of Political Science. 43 : 375-397.

Borgonovi. Francesca. 2008. "Divided We Stand. United We Fall : Religious Pluralism. Giving. and Volunteering." American Sociological Review. 73 : 105-128.

Calhoun Brown. A. 2000. "Upon This Rock : The Black Church. Nonviolence. and the Civil Rights Movement." Political Science and Politics. 33 : 158-174.

Campbell. D. E. 2004. "Acts of Faith : Churches and Political Engagement." Political Behavior. 26 : 155-180.

Chaves. M. 2004. Congregations in America. Cambridge. MA : Harvard University Press.

Craig,S.C.,Niemi,R.G.& Silver,G.E. 1990. Political Efficacy and Trust : A Report in the NES Pilot Study Items. Political Behavior, 12(3), 289-314.

Dalton. Russell J. 2008. The Good Citizen : How a Younger Generation Is Reshaping American Politics. Washington DC : CQ Press.

Faulks. Keith. 2000. Citizenship. London. NY : Routledge.

Fiorina. Morris P. 1999. "Extreme Voices : A Dark Side of Civic Engagement," Theda Skocpol & Morris P. Fiorina(eds.), Civic Engagememt in American Democracy. Brookings Institution Press.

Fung. Archon and Eric Olin Wright. 2003. "Countervailing Power in Empowered Participatory Governance." Deepening Democracy : Institutional Innovations in Empowered Participatory Governance. London. New York : Verso.

Gerber, Elizabeth R. 1999. The Populist Paradox : Interest Group Influence and The Promise of Direct Legislation. Princeton Univ. Press.

Graaf. De. Nan Dirk. and Geoffrey Evans. 1996. "Why Are the Young More Postmaterialist? : A Cross-National Analysis of Individual and Contextual Influences on Postmaterial Values." Comparative Political Studies. 28(4) : 608-635.

Hess,R.D.,& Torney,J.V. 1967. The development of political attitudes in children. Chicago : Adline.

Liu. B. Austin. S. and B. Orey. 2009. Church Attendance. Social Capital. and Black Voting Participation. Social Science Quarterly. 90 : 576-592.

Macedo. Stephen. et al. 2005. Democracy is at risk : How Political Choices Undermine Citizen Participation. Brookings Institution Press.

Maddala. G. S. 1983. Limited-Dependent and Qualitative Variables in Econometrics. Cambridge University Press. Cambridge.

Mouffe. Chantal. 1998. "What is citizenship?" M. Lipset ed. Encyclopedia of

Democracy. Washington. D.C. : CQ Press.

Musick. Marc A. John Wilson and William B. Bynum. 2000. "Race and Formal Volunteering? The Differential Effects of Class and Religion." Social Forces. 78(4) : 1539-1571.

Newton, Kenneth. 1999. "Social Capital and Democracy in Modern Europe." pp.3～24 in Jan, W., van Deth, M. Maraffi, K. Newton and P. F. Whitely(eds.). Social Capital and European Democracy. London : Routledge

Norris. P. 2013. "Does Praying Together Mean Staying Together? Religion and Civic Engagement in Europe and the United States." in Joep de Hart. Paul Dekker and Loek Halman (eds.). Religion and Civil Society in Europe. Dordrecht : Springer.

O'Connor. R. E., & M. B. Berkman. 1995. "Religious Determinants of State Abortion Policy." Social Science Quarterly. 76 : 447-459.

OECD. 2016. Society at a Glance 2015-2016 : OECD Social Indicators.

Park. Jerry Z. and Christian Smith. 2000. "'To Whom Much Has Been Given' : Religious Capital and Community Voluntarism among Churchgoing Protestants." Journal for the Scientific Study of Religion. 39 : 272-286.

Paxton. Pamela. Nicolas E. Reith and Jennifer L. Glanville. 2014. "Volunteering and the Dimensions of Religiosity : A Cross-National Analysis." Review of Religious Research. 56 : 597-625.

Pharr, Susan. 2000. "Officials' Misconduct and Public Distrust : Japan and Trilateral Democracies." pp.173～201 in S. Pharr and R. D. Putnam(eds.). Disaffected democracies : What's troubling the trilateral countries? NJ : Princeton University.

Prouteau. Lionel and Boguslawa Sardinha. 2015. "Volunteering and Country-Level Religiosity : Evidence from the European Union." Voluntas. 26 : 242-266.

Putnam. R. D. 1993. Making democracy work : Civic tradition in modern Italy. Princeton University Press.

Putnam. R. D. 2002. Bowling Alone. The collapse and revival of American community. New York : Simon and Schuster.

Ramirez. Francisco O. and John W. Meyer. 2012. "Toward Post-National Societies and Global Citizenship." Multicultural Education Review. 4(1) : 1-28

Ravitch. Diane & Joseph P. Vitertitti. 2002. Making Good Citizens : Education and Civil Society. Yale University Press. New Heaven & London.

Ruiter. Stijn and Nan Dirk De Graaf. 2006. "National Context. Religiosity. and Volunteering : Results from 53 Countries." American Sociological Review. 71 : 191-210.

Skocpol. Theda and Morris P. Fiorina. 1999. Civic Engagement in American Democracy. Brookings Institution Press.

Son. Joonmo and John Wilson. 2011. "Generativity and Volunteering." Sociological Forum. 26 : 644-667.

Tienen. Marike van. Peer Scheepers. Jan Reitsma and Hans Schilderman. 2011. "The Role of Religiosity for Formal and Informal Volunteering in the Netherlands." Voluntas. 22 : 365-389.

Todd. Nathan R and Jaclyn D. Houston. 2013. "Examining Patterns of Political. Social Service. and Collaborative Involvement of Religious Congregations : A Latent Class and Transition Analysis." American Journal of Community Psychol. 51 : 422-438.

Verba. S. et al. 2002. Voice and Equality. Cambridge : Harvard University Press.

Wald. K. D.. & A. Calhoun Brown. 2011. Religion and Politics in the United States. Lanham. MD : Rowman & Litte?eld Publishers.

Wald. K. K. and S. S. Hill. 1990. "Political Cohesion in Churches." The Journal of Politics. 52 : 197-215.

Wilson. John and Thomas Janoski. 1995. "The Contribution of Religion to Volunteer Work." Sociology of Religion. 56 : 137-152.

Wolfe. Alan. 2006. Does American Democracy Does Work?. New Heaven. Yale. Univ Press.

Wuthnow. R. and V. Hodgkinson. 1990. Faith and Philanthropy in America : Exploring the Role of Religion in America's Voluntary Sector. San Francisco : Jossey-Bass.

G세대의 탄생 -그들의 가치와 이념, 참여에 대한 고찰

1판 1쇄 인쇄 ｜ 2017년 6월 10일
1판 1쇄 발행 ｜ 2017년 6월 15일

지은이 ｜ 정상호 · 조광덕
고 문 ｜ 김학민
펴낸이 ｜ 양기원
펴낸곳 ｜ 학민사

등록번호 ｜ 제10-142호
등록일자 ｜ 1978년 3월 22일

주소 ｜ 서울시 마포구 토정로 222 한국출판콘텐츠센터 314호(㉾ 04091)
전화 ｜ 02-3143-3326~7
팩스 ｜ 02-3143-3328

홈페이지 ｜ http : //www.hakminsa.co.kr
이메일 ｜ hakminsa@hakminsa.co.kr

ISBN 978-89-7193-244-5(93330), Printed in Korea

이 도서의 국립중앙도서관 출판사도서목록(CIP)은 e-CIP홈페이지(http://www.no.go.kr/ecip)와
국가자료공동목록시스템(http://nl.go.kr/kolisnet)에서 이용하실 수 있습니다.
(CIP제어번호 : CIP2017012732)

＊대한민국 교육부와 한국연구재단의 지원을 받아 수행한 연구임(NRF-2015S1A3A 2046920).